# 회계 천재가 된 홍 대리

〈3〉

# 회계 천재가 된 홍 대리

3

세무 리스크관리

손봉석 지음

다산북ε

# contents

## 홍시우(홍 대리)

"적절한 시기에 적절한 세금을 내는 마음가짐이 중요해요."

홍부자의 딸. 신문사에 다니다가 갑작스러운 일로 아버지의 회사에서 회계 업무를 맡는다. 홍영호 회계사의 도움으로 세금에 눈을 뜨는데…….

## 홍영호

"세금을 아까워해서는 안 됩니다."

부자유통 건물에 회계법인 사무실을 차린 회계사. 부자유통이 위기에 처했을 때 많은 조언을 해준다.

## 홍부자

"'장부 같은 거냐'라니! 네 성질머리에 숨이 막힌다!"

부자유통 대표. 자신의 과거를 돌아보며 자식들에게 만큼은 고통 없이 회사를 물려주고 싶어 한다. 2세 경영 문제로 고심 중이다.

## 홍태자

"걱정 마세요. 제가 다 돌려 놓을게요."

홍부자의 아들. 서울에서 대기업 건설사에 다니다가 아버지의 호출을 받고 제주도로 내려온다. 똑똑하고 추진력 있지만 지나치게 일을 벌리는 타입.

## 문대호

"영업부는 영업을 뛰는 부서인데
회계부에서 처리할 세금까지 신경 쓰라고?"

부자유통 영업부장. '낙하산' 홍 대리와 사사건건 충돌한다.

# 가업승계와
# 상속세

TV 화면에서는 눈에 눈물이 그렁그렁한 30대 후반의 남자가 눈가를 훔치는 모습이 나오고 있었다. 그의 아버지는 생전에 장학재단을 만들기 위해 180억 원의 주식을 기부했다가 140억 원이나 되는 증여세를 부과받고 10년이 넘게 소송한 끝에 승소했지만 결국 건강이 악화되어 사망했다. 재벌들이나 부자들이 장학재단이나 공익법인을 설립해 회사 주식을 넘긴 후 공익법인을 지주회사처럼 운영하여 계열사를 조정하는 것을 막기 위해 만든 규정이 선의의 공익 목적 기부자에게까지 세금 폭탄을 안긴 것이었다.

"물려받은 재산의 절반이 세금으로 빠져나갔어요. 그 타격으로 아버지의 사업을 계속 이어나갈 수 없었습니다."

한때 중소기업 사장인 아버지 밑에서 경영 수업을 받으며 전도유망한 청년으로 주목받았다는 이 남자는 사연을 털어놓으며 연신 울먹거렸다. 더 안타까운 것은 재산 상속으로 인해 형제들이 법정 다툼까지 하게 되었다는 내용이었다. 아들에게 재산을 넘겨주었는데 딸들이 유류분 소송을 하면서 갈등이 생겨 돈과 가족을 모두 잃게 되었다는 내용이다. 남매간에 우애가 좋아서 이런 일이 발생할 줄은 꿈에도 몰랐는데 딸들의 남편들이 부추겼다고 했다. 그것도 이미 사망한 배다른 딸의 남편이 주도하여 이루어진 일이라고 속상해했다. 상속 전에 아버지가 재산을 처분하여 자녀들에게 건물을 사준 내역에 대해서는 세무조사까지 나왔고 청년은 유류분 소송이 끝날 때까지 세무조사 중지 신청을 해둔 상황이었다. 수십억 원의 재산이 법정소송과 세무조사로 모두 날아갈 위기에 있었다.

저녁 식사 후 평소처럼 거실 소파에 앉아 채널을 돌리던 홍부자는 순간 명치끝이 아려왔다. 아버지의 죽음과 상속 문제, 그리고 회사 부도까지⋯⋯. 시종 눈물을 글썽이던 TV 속 남자의 모습은 바로 30여 년 전 홍부자 자신의 모습이기도 했다.

그날의 기억은 어제처럼 생생했다.

건강하셨던 홍부자의 아버지는 갑작스레 말기암 판정을 받고 한 달이 채 못 되어 돌아가셨다. 암 판정을 받기까지 평소와 다른 점을 느끼기 어려울 정도로 밝은 모습이셨고 사람들도 자주 만나셨다. 미국에서 유학 중이던 홍부자는 부랴부랴 귀국해 간신히 아버지의 임종만은 지킬 수 있었다. 아버지의 죽음은 누구도 예상치 못한 일이었다. 누구보다 건강 관리에 철저한 분이셨기 때문이다. 모든 것이 그대로이건만 그 모든 것을 지탱해 주던 아버지가 이젠 곁에 없었다. 실감이 나지 않았다.

'나는 왜 여기에 있을까?'

홍부자는 앞으로 무엇을 어떻게 해야 할지 눈앞이 캄캄했다. 아버지는 홍부자에게 가장 크고 쓰라린 아픔이었다.

아버지는 돌아가시기 며칠 전에야 가족들에게 암 말기라는 진단서를 꺼내 놓으셨다. 당신께서는 가족들이 받을 충격을 염려해 차일피일 알리기를 미루셨다지만, 결과적으로 이는 잘못된 선택이었다. 가족들은 어떤 준비도 할 겨를도 없이 하루아침에 가장의 죽음을 떠안게 된 것이다.

미국 유학을 중단하고 돌아온 홍부자는 아버지가 남긴 연 매출 수십억짜리 회사를 어떻게 운영해야 할지 몰랐다. 사장실의 아버지 책상 위에는 결재를 기다리는 서류 더

미가 수북이 쌓여 있었다. 사업의 성공은 자기를 위해 일해 줄 유능한 사람을 찾는 것에 달려 있다던 생전의 말씀과 달리 후계자도 정해놓지 못하고 가신 것이다. 홍부자에게 학위 일정을 묻는 전화를 하신 것을 보면 아버지는 처음 진단서를 받자마자 아들을 떠올리셨던 것 같다. 이제 모든 것을 자신이 처리해야 한다고 생각하니 책상 가득 쌓인 서류들이 엄청난 무게로 홍부자의 가슴을 옥죄었다.

아버지는 유서조차 남기지 않으셨다. 그저 '꼿꼿하게 서서 세상에 감탄하라'는 말씀과 평생을 바쳐 모은 재산만을 남기셨을 뿐이었다. 회사의 비상장주식과 아버지가 개인 명의로 소유하고 있던 사업부지용 땅과 임야 등을 합해 총 40억 원 상당의 재산이 변호사를 통해 외아들인 홍부자에게 전달되었다.

조촐한 사장 취임식을 거쳐 홍부자는 아버지의 친구이자 회사 고문인 김명석으로부터 몇 개월간 경영 수업을 받았다. 그런데 아버지의 죽음이 남긴 상처에 익숙해질 때 무렵 난데없는 소식이 홍부자의 상처를 다시 긁었다.

"우리 회사 고문 세무사에게서 연락이 왔는데 상속세가 상당히 나올 것 같다는구나."

"상속세요?"

김 고문은 금시초문이라는 듯 되묻는 홍부자를 난감하게 바라보았다. 지금이야 아파트 값이 크게 오르면서 집 한 채 가진 사람들조차 상속세에서 자유롭지 못하게 되었지만 당시만 해도 재벌들한테나 해당하는 세금이라 생각했기 때문에 수십 년간 경영에 몸담아 온 김 고문으로서도 생각하지 못한 일이었다.

"어느 정도나 되는데요?"

"30억 원이라고……."

순간 홍부자는 뒤통수를 얻어맞은 듯 머릿속이 하얘지면서 아무 생각도 나지 않았다.

홍부자는 즉시 고문 세무사에게 전화를 걸어 내용을 확인했다. 김 고문의 말대로였다. 재산가액이 60억 원이라 30억 원 정도의 상속세가 나온다는 것이었다. 상속세율이 그렇게 높다는 것을 홍부자는 그때 처음 알았다. 실제로 한국의 상속세 세율은 최고 50퍼센트로 세계에서 가장 높은 수준이었다. 최대주주 할증과세까지 더하면 실질세율이 65퍼센트에 달했다.

세무사는 상속 재산을 공시지가로 계산했으니 그 정도지 시세로 따졌다면 훨씬 많아졌을 거라며 그나마 다행이라고 했다. 상속세 및 증여세에서는 재산가액의 10~50퍼센트를 세금으로 내기 때문에 재산가액 평가가 중요한데, 원칙적으로 재산은 시가로 평가하지만 대부분 시가를 확인하기 어렵기 때문에 공시지가로 평가하는 경우가 많았다. 최근에는 감정가액을 가지고 세금을 매기는 경우도 있지만 과거에는 공시지가로 신고해 상속세를 적게 내곤 하였다. 하지만 홍부자는 낭시 ⊥ 30억 원의 세금을 납부할 현금이 없을 만큼 유동성에 어려움을 겪고 있었다.

소매유통업의 본질은 부동산이고, 다 배신해도 땅은 배신하지 않는다며 돈이 모이면 땅을 사왔던 아버지였다. 그렇게 사놓은 부동산의 시세가 올라 현재의 재산을 모았는데, 갑작스러운 상속세에 아버지가 이룩한 부동산 신화는 맥을 못 추고 있었다.

"지금 현금 여력이 얼마나 되나?"

김 고문의 걱정스러운 물음에 홍부자는 그저 침통해할 뿐이었다.

"통장에 있는 돈을 다 합치면 3억 원 정도 될 겁니다. 채권을 모조리 회수해도 30억 원에는 턱없이 모자라요."

"예금이나 채권 같은 유동자산은 회사를 운영하는 데 필요한 자금이니까 마음대로 끌어다 쓸 수도 없는데……."

김 고문도 별다른 수가 없기는 마찬가지였다.

"세무사라면 뭔가 방도가 있지 않을까요?"

"세무사는 세금을 물납하는 방법을 말해주더군."

물납은 세금을 주식 같은 유가증권이나 부동산으로 납부하는 것을 말하는데, 세금을 내기에 현금이 부족할 경우를 대비해 만들어놓은 제도였다. 결국 주식으로 납부를 하든지 아니면 보유 부동산을 처분해야 할 판이었다. 하지만 경영권 문제가 생길 것이므로 주식 물납은 불가능했고, 한창 생산시설을 짓고 있는 공장 부지를 매각할 수도 없었다. 50퍼센트의 세금을 내놓으라고 하면 한 세대가 끝날 때마다 회사는 절반 규모로 쪼그라들어야 하는 상황이었다.

"다른 대안은 없나요?"

"대출을 받아서 납부하는 방법이 있네."

다시 눈앞이 캄캄해졌다. 상속을 받기 위해 대출을 받아야 한다니. 이 역시 썩 내키는 해결책은 아니었다.

"선택의 여지가 별로 없군요."

넋두리하듯 입술을 달싹이는 홍부자에게 김 고문이 확인하듯 물었다.

"상속포기를 하면 세금은 없지만……. 자네, 설마 사업을 중단할 생각은 아니지?"

혹시나 홍부자가 엉뚱한 마음을 품고 있을지도 모른다

는 우려 때문이었다. 그러나 회사를 그만두는 것은 직원들이나 할 수 있는 일이다. 사장에겐 자신의 의지로 회사를 때려치울 선택권조차 없었다. 회사를 그만둘 의지가 있다면 그 의지로 회사를 살려내야 하는 게 사장의 의무였다.

무거운 책임감이 홍부자의 가슴을 옭아맸다. 연부연납을 신청해 몇 년에 걸쳐서 납부하는 것으로 지금계획을 세웠다. 결국 홍부자는 경영권을 지킬 수 있는 수준으로 회사에서 보유하고 있던 주식을 세금 일부로 납부하고, 매년 들어올 배당금을 제외한 나머지 대부분은 담보대출을 통해 충당했다. 그때가 홍부자 인생의 최대 위기였다. 유산을 받았다고 부러워하는 사람도 있었지만 상속인이 짊어져야할 무게는 상당했다. 부자는 재산변동 시에 세금부터 점검해야 한다는 교훈을 그때 얻었다.

벌써 30년도 더 된 일이었다. 부자유통의 사장이라는 현재 위치에 오르기까지 얼마나 많은 곡절을 겪으며 피땀을 흘렸는지 지난 세월이 주마등처럼 스치고 지나갔다. 재산을 형성하는 과정에서 이미 사업소득세, 회사에서 배당을 받으면 배당소득세, 보유하고 있는 재산에 대해서는 재산세를 냈는데 자녀에게 상속 시에 세금을 또 내야 하기때문에 상속세는 실질적인 이중과세였다. 세월은 30년이

나 흘렀고 상속세는 부자세금이라는 인식에 함부로 손대지도 못한 채 군건하게 자리 잡고 있었다. 상속세율이 너무 높아서 조세 저항으로 오히려 세수가 줄어드는 역진 효과까지 발생하였다.

문득 홍부자 자신도 아버지처럼 언제 홀쩍 떠날지 모르는데 어떤 대비도 하지 않았다는 데 생각이 미쳤다. 마음속으로는 언젠가 자신이 모은 전 재산과 회사를 자식들에게 물려주겠다고 생각했지만, 정작 자신도 아버지처럼 아무것도 하지 못하고 환갑을 넘기고 말았다. 자신에게 갑자기 무슨 일이라도 일어난다면 그땐 어쩌나 싶었다.

홍부자는 올해엔 기필코 아들 홍태자를 경영 일선에 나서게 하겠다고 다짐했다.

서울에서 직장을 다니는 홍태자는 때마침 휴가를 내서 제주로 내려올 예정이었다. 홍태자는 이름만 대면 알 만한, 우리나라에서 다섯 손가락 안에 드는 대기업에 다니고 있었다. 대기업이 거의 없고 장사가 생업인 사람들이 많은 제주에서는 자식이 공무원이나 대기업 직원이라면 자식 농사 잘 지었다는 말을 듣곤 한다. 그 점에서 아들 홍태자는 홍부자의 자랑거리였다. 그런데 직장 일이 바빠 명절 때도 얼굴 보기가 힘들었던 아들이 갑자기 열흘 정도 휴가를 냈다고 한다.

요즘 들어 아들이 다니는 건설회사가 신문에 자주 오르는 것과 관련이 있는 모양이었다. 비자금 사건인가 뭔가로 그 회사 회장이 검찰에 불려 다니고 있었는데, 재무팀 소속인 아들의 업무와 직접 연관이 있는 일이라 이래저래 심사가 편치 않은 듯했다.

"방금 보신 여러 사례처럼 예상치 못한 거액의 상속세로 인해 대출까지 받아야 하는 상황은 다시금 대출금에 대한 금리 부담으로 이어집니다. 그래서 결국 상속세를 피하기 위해 탈세와 편법을 동원하게 되는 거죠. 이런 악순환이……."

TV에선 무일푼이 된 30대 남자의 하소연에 이어 한 패널이 상속증여세법의 문제를 지적하고 있었다. 우리나라 상속세율은 세계에서도 가장 높은 수준이었지만, 일반적으로 소득에 세금을 매기고 다음에 사망했을 때 다시 상속세를 매기는 이중과세라는 점이 더 근본적인 문제였다. 게다가 배우자한테 상속재산을 주게 되면 배우자가 사망할 때 또다시 상속세를 내야 하기 때문에 이는 삼중과세가 되므로 세계 각국에서는 상속세를 없애는 추세지만, 우리나라는 재산 상속을 불로소득으로 보고 징벌적으로 과세해 왔던 것이다.

그래서 기업인들의 최대 관심사는 힘들게 일군 기업을 어떻게 안정적으로 자식들에게 물려줄 것인가였고, 가업승계에 들이는 노력 못지않게 탈세에도 열정을 쏟아붓고 있었다. 가업 상속 시 상속세 부담을 줄여주는 제도인 가업상속공제는 조건이 까다로워 그림의 떡일 뿐이었나. 상속공제를 받기 위해 기업의 시속성을 유지해야 한다는 조건은 급변하는 기업환경에서 생존을 위해 필요한 업종변경이나 자산처분에 걸림돌이 되었다. 요건 완화와 공제대상 확대 요구가 커지고 있지만 이 역시 조세 형평성을 이유로 번번이 막히고 있었다.

홍부자는 문득 죽기 전에 회사를 팔아서 말끔하게 현금으로 나누어주는 게 낫지 않을까 생각해 보았다. 그때 우당탕 소리와 함께 예진이가 2층에서 뛰어 내려왔다.

"예진아, 뛰지 마. 그러다 넘어져."

시우가 뒤쫓아 내려오며 호들갑을 떨었지만, 여섯 살 개구쟁이가 그 말을 들을 리 없다. 모든 것을 자기 마음대로 할 것처럼 구는 시우도 제 딸만큼은 통제할 수 없었던 것이다.

홍부자의 딸인 시우는 예진의 모습에서 마치 거울을 보

듯 자신의 어린 시절을 보았고, 그래서 더욱 아이의 행동 하나하나에 예민하게 반응했다.

예진은 곧장 달음박질쳐 홍부자 앞에 딱 서더니 넙죽 배꼽 인사를 했다. 머리를 쓰다듬어 주자 배시시 웃는 손녀가 홍부자의 눈엔 그렇게 귀여울 수 없었다. 하지만 또 가슴 한구석엔 '사내놈이면 오죽 좋을까' 하는 마음이 들곤 했다. 요즘엔 딸이 대세라는데, 이렇게 생각하는 것을 보니 홍부자도 어쩔 수 없는 '옛날 사람'이었다.

"내일 네 오빠 내려온단다."

예진이를 재우고 다시 거실로 내려온 딸 시우를 향해 홍부자가 말했다.

"웬일이래? 추석 때도 회사 일 때문에 못 온 사람이?"

"이참에 아예 눌러앉게 할 생각이다. 이 아비 나이도 있고 하니 이제 슬슬 태자가 회사를 물려받아야 하지 않겠니?"

시우로서는 이미 오래전부터 예상했던 일이라 그리 놀랄 것도 없었다. 아버지는 언제나 아들, 아들 하며 살아오신 분이다. 점차 나아지고 있다고는 해도 완전한 성평등은 아직 요원했고, 특히 자본주의 경제는 뿌리부터 남성들에게 유리하게 만들어지지 않았던가? 물론 대부분의 남성이 그렇듯, 홍부자는 자신이 아들과 딸을 항상 평등하게 대했다고 강조하지만 말이다.

"아버지 회사니까 아버지 마음대로 하셔야죠. 근데 오빠한테 회사 물려주면 저한텐 뭐 물려주실 거예요?"

시우는 농담처럼 물었다. 홍부자는 여느 때처럼 듣는 둥 마는 둥 했다. 그런데 오늘따라 아버지의 표정이 심상치 않았다. 시우는 얘기를 하다 말고 아버지의 안색을 살폈다.

"무슨 걱정 있으세요?"

"내가 너 아니면 무슨 걱정이 있겠냐? 진짜 이혼할 거냐?"

"네. 변호사 없이 합의이혼 할 거예요. 살벌하게 헤어지고 싶진 않거든요."

"말 참 쉽게도 하는구나. 예진이는 누가 키울 거냐?"

"당연히 제가 키우죠."

"한 서방이 가만히 있더냐?"

"그 사람이 어떻게 애를 키우겠어요. 양육권 소송 가도 어려울 거예요."

"일 키우지 말고 잘 의논해라. 한 서방이랑 정리되기 전에는 재산 문제 꺼내지도 말고. 양육권에다 돈 문제까지 이혼소송에 휘말리게 할 필요 없다."

"걱정하지 마세요. 증여받은 건 재산분할대상에서 제외되니까요."

아무 걱정 없이 말하는 딸을 보니 더 걱정이 되었다. 막상 아들한테 사업을 물려주고 싶어도 자신이 경험했던 상속세 문제를 떠올리면 쉽지만은 않겠다는 생각에 또 마음이 무거워졌다.

"상속세 때문에 걱정이구나. 주변에서도 나처럼 육십 줄 넘은 사람들 보면 다들 가업승계 때문에 고민하더라. 자식 놈들이 회사를 물려받지 않으려는 것도 문제긴 한데…… 더 큰 문제는 정작 물려주려면 재산의 절반을 뚝 잘라 세금으로 내야 한다는 거지."

시우도 이에 대해서는 주변에서 얘기를 들어 익히 알고 있었다. 그렇지만 그저 주변의 얘기였을 뿐, 아버지가 이토록 심각하게 고민하고 있으리라고는 생각지 못했다.

실제로 많은 창업주들이 상속세가 기업의 경영권 승계를 지나치게 제약해 경제의 활력을 떨어뜨린다고 여겼다. 생산설비와 재고자산 같은 자본재는 아무리 상속받더라도 상속인이 누릴 수 있는 이익이 아니라 오히려 직원들에게 고용기회를 주고 회사의 이해관계자들에게 돌아가는 혜택인데 상속인에게 상속세를 부과하는 것은 역기능으로 작용할 수도 있는 것이다. 게다가 물려주는 재산은 부동산이나 재고자산 형태인데 상속세는 현금으로 내야 하니, 결국 주식을 팔 수밖에 없어 경영권이 넘어가는 경우도 많았다. 그렇다고 세금을 부동산이나 재고자산으로 낸다면 이는 사업을 포기하는 것과 마찬가지였다.

"상속세를 내려면 갖고 있던 주식을 팔아야 하는데, 지분이 줄어들면 경영권이 흔들리지. 그러면 회사 운영에도 차질이 생기고, 수시로 인수합병 위협에 시달리게 될 건 불 보듯 뻔한 일이야."

이런 위험 때문에 대기업들은 자식의 이름으로 회사를 설립하고 일감을 몰아주거나 오너 일가에 매장을 싸게 내주고 내부 정보를 빼내 주식 차익을 얻게 하는 등의 편법으로 증여를 하고 있었다.

정부가 일감 몰아주기를 증여세로 규제하면 대기업들은 대기업끼리 주고받는 '일감 스와핑'으로 규제를 피해 갔다. 또한 현금 같은 금융재산은 재산가액을 평가하는 데 어려움이 없지만 비상장주식이나 부동산, 미술품 등은 값을 매기기가 모호하기 때문에 이런 점을 역이용해 현금보다는 비상장주식이나 미술품 등의 형태로 바꿔 재산가액을 축소해 세금을 줄이는 경우도 많았다. 또 미술품 등의 가격을 높게 책정해 돈 나간 출처를 마련하여 비자금을 조성하기도 했다.

이런 대기업들의 증여세 회피 방법을 중소기업들은 너나없이 따라 했다. 정부는 대기업들의 일감 몰아주기를 규제하고자 계열사 간 거래에 증여세를 부과하도록 했지만, 과도한 규세로 중소기업에까지 영향을 미치고 있었다. 일감 몰아주기로 오해가 불거지기 전에 가능한 한 빨리 지분을 정리하는 방침을 세우는 등 대기업은 발 빠르게 위험을 분석하고 대비했지만, 중소기업은 자신들에게도 적용되는 줄 몰랐다가 나중에 증여세와 가산세까지 내야 하는 증여세 대란을 겪고 있었다.

"기업주들이 불법이나 편법 상속에 나서게 되는 이유도 결국 세금 문제 때문이겠네요."

시우의 입에서 자신의 생각과는 다른 말이 나갔다. 시우는 지금까지도 상속 문제는 세금보다 아버지의 의지에 따라 결정되는 문제라고 여기고 있었다. 세금은 좋은 핑곗거리일 뿐, 결국 시우 자신에게 재산을 물려주고 싶지 않은 마음일 거라고 생각한 것이다. 홍부자의 머릿속에서 시우의 존재감은 너무나 가벼웠고, 시우 본인도 이 사실을 너무 잘 알고 있었다.

세금도 모르고
사업을 한다고?

오랜만에 고향에 오는 아들을 마중하려고 오후 일정을 모두 취소하고 직접 공항을 찾은 홍부자는 비행기 도착을 기다리는 동안 이런저런 상념에 빠져들었다. 그러다가 며칠 전 상속에 대해 딸 시우와 나눴던 대화가 떠오르자, 홍부자는 쯧, 하고 혀를 찼다.

홍부자에게 시우는 여러모로 골칫덩어리였다. 자신의 반대에도 불구하고 육지 남자에게 시집을 간 것도 못마땅한데 결혼하고서도 집안 살림은 뒷전인 채 밖으로만 나도는 딸이 그저 천방지축 같았다. 또 갑자기 못 살겠다며 이혼한다고 딸을 데리고 친정으로 와버린 것도 맘에 들지 않았다.

제주 토박이 특유의 보수적 성격인 홍부자가 자신을 어떻게 생각하고 있는지 짐작하고 있으면서도, 시우는 사사건건 아버지에게 맞서려 들었다.

■

작년 초겨울에 다녀가고 나서 처음이니 홍태자가 고향 제주에 온 것은 거의 1년 만이었다. 공항 출구에서 자신을 기다리고 있는 홍부자를 보자 홍태자는 비로소 고향에 왔음을 실감할 수 있었다.

서울살이에 지칠 대로 지친 태자에게 아버지가 살고 있는 제주는 언제나 포근한 안식처였고, 홍부자에게 아들 태자는 자신의 평생을 넘겨줄 영원한 기대주이자 희망이었다.

부자는 곧장 차를 타고 일주도로를 달렸다. 이렇게 해안도로를 달리니 야자수와 종려나무 가로수, 그리고 넓게 펼쳐진 푸른 바다가 이국 휴양지에 온 듯한 정취를 자아냈다. 용두암과 이호해수욕장을 지나 다시 1132번 일주도로를 타고 일몰이 유명한 수월봉을 거쳐 홍부자는 아들과 함께 자신의 아버지 산소를 찾았다.

산소는 바다가 시원하게 내려다보이는 산 중턱에 자리하고 있었다. 아들 태자와 둘이서 이곳을 찾는 것은 정말 오랜만이었다.

"태자야, 여기 누가 잠들어 계신지 알지?"

홍부자는 잘 관리되어 있는 묘소 이곳저곳을 쓰다듬듯 살피다가 홍태자를 보며 물었다. 홍태자는 대답 대신 아버지의 얼굴을 슬며시 보았다. 아까부터 아버지에게서 평소와 다른 느낌을 받고 있었기 때문이다. 공항에 내리자마자 자신을 할아버지 산소에 데려온 것도 좀 의아했는데, 언제나 위풍당당하던 아버지가 이렇게 담담한 표정으로 말씀하시는 모습도 생소했다.

"직장은 힘들지 않나?"

"조금요. 아버지도 아시는 것처럼 요즘 분위기가 좋지 않아요."

아들이 근무하는 우주건설에서 퇴사한 전 재무팀장이 회사의 세금 포탈과 비자금 문제를 언론에 퍼트렸고, 그 후로 지금껏 이러저러한 공방들이 오가고 있었다. 워낙 시끄러운 사안이라 모르는 사람이 없을 정도였다.

"그 재무팀장 말이 사실이냐?"

홍태자는 부정도 긍정도 하지 않았다. 홍태자의 표정에

서 복잡한 사정이 있다는 것을 금방 알 수 있었다.

그런 아들을 한동안 가만히 바라보던 홍부자가 불쑥 물었다.

"넌 그 사건에 대해 어떻게 생각하니?"

홍태자는 선뜻 대답하기가 꺼려졌다. 아버지는 지금 뭔지 몰라도 중대한 사안에 대해 이야기하려는 것 같은데, 아들의 의견이 자신과 다르면 그 사안에 좋지 않은 영향이 미칠 듯했기 때문이다.

아들이 머뭇거리고만 있자 홍부자가 재촉하듯 다시 물었다.

"투명 경영이라는 말을 많이 하는데, 넌 그 문제에 대해서 생각해 본 적이 없냐?"

홍태자는 직장을 다니면서도 자신이 언젠가는 직접 경영을 하게 되리라고는 생각하고 있었지만 아버지 회사를 물려받는 일에 대해서는 구체적으로 생각하지 못했다. 더욱이 투명 경영 같은 주제는 막연히 그 후의 일이라고 여겨왔기에 특별히 마음을 써본 적이 없다. 하지만 어깨너머로나마 아버지가 회사를 어떻게 운영하고 있는지를 봐온 홍태자였다.

대기업의 경우는 재무제표가 공시되어 누구나 쉽게 기

업의 수익정보를 얻을 수 있지만, 회계감사를 받지 않는 중소기업은 매출누락 등 편법을 쓰는 경우가 많아 회계자료를 잘 보여주지 않는 게 일반적이었다. 회사의 매출을 깨끗이 보여준다는 건 그만큼 일반 중소기업의 입장에선 힘든 일이었다.

그럼에도 홍부자는 회사의 수익과 비용을 시기별로 인트라넷에 공시해 투명 경영을 실천하고 있었다. 처음에는 직원들이 회사의 수익구조를 알게 되면 안 좋은 영향이 있지 않을까 걱정했는데, 막상 실행해 보니 직원들의 주인의식이 높아지는 효과가 있었다. 구체적인 회계자료를 보고 그들 스스로 수익성을 높이기 위해 더 노력해야겠다는 생각을 갖게 된 것이다.

"아버지 회사가 투명 경영의 표본이잖아요."

홍태자가 치켜세워 줬지만, 그런 말에도 홍부자의 표정은 어딘가 개운치가 않았다.

"태자야, 투명 경영이 말은 좋지만 우리나라 현실에서 세금 다 내고 사업하기란 쉽지가 않아. 세금 많이 낸다고 무슨 혜택이 있는 것도 아니고 말이야. 세금 많이 내면 대출을 많이 해주거나 공공시설 이용료를 깎아줘야 하는데 사람들은 항상 어떻게 하면 절세할지에 대한 이야기뿐이

란다. 세금을 많이 내도 혜택이 많으면 세금을 굳이 줄이려
고 하지 않을 텐데 말이다."

홍부자는 오랫동안 숨겨왔던 비밀을 털어놓듯이 차근
차근 이야기를 해나갔다.

우리나라에서는 공식적으로 로비라는 것이 인정되지
않는 만큼 로비라는 형식으로 들어가는 돈은 모두 접대비
로 간주되었다. 하지만 접대비에 대한 규제가 매우 엄격해
비용으로 인정받지 못하는 경우가 대부분이었다. 그래서
매출을 누락시켜 비자금을 조성하거나 계열사를 통해 컨
설팅비용이나 고문료로 큰돈을 지불하도록 하여 비공식적
으로 들어가는 로비 자금을 충당하는 것이 관습처럼 되어
가고 있었다.

홍태자는 아버지의 말을 잠자코 듣고 있었다. 오늘 아
버지의 모습은 어딘가 달라 보여 혼란스러웠다.

아버지의 이야기를 들어보니 경영자 입장에서는 너무
나 오랫동안 관행으로 젖어버린 일이기도 했다. 홍부자는
바다를 내려다보다가 뭔가 결심한 듯 입을 열었다.

"세상에서 제일 소중한 재산은 자식이다. 이 세상 어떤
것과도 너와 바꿀 수 없다. 너희들을 키우면서 살아가는 것
의 무게감을 실감하곤 했다."

"아버지는 잘 해오셨잖아요."

"내 인생은 실수투성이었지만 너는 안 그랬으면 좋겠구나. 태자야, 직장 그만두고 사업을 배워보거라."

홍부자는 아들 태자에게 사업에 대해 자세히 얘기한 적도, 강요한 적도 없었다. 부모가 검소하게 열심히 사는 모습을 보여주면 아들은 그것을 보고 배우면서 깨닫게 된다는 신념이 있었기 때문이다. 홍부자는 아들이 보고 배울 수 있는 삶을 살려고 노력할 뿐이었다. 자신의 삶을 직접 보고 배우도록 말이다. 되도록 말은 아끼면서 솔직하고 정직한 삶을 살려고 노력한 홍부자였기에 오늘 홍부자의 설교는 홍태자에게는 낯선 것이었다.

"네?"

언젠가는 아버지 회사를 운영해 보고 싶다는 생각을 하긴 했지만 먼 훗날 일로만 여겼기에 홍부자의 말은 무척 갑작스러운 것이었다. 더욱이 홍태자는 아버지 사업에 그다지 흥미를 느끼지 못했기에, 유산을 받는다면 다른 사업을 해볼까 하고 막연히 생각해 왔다. 물론 이 역시 현재 몸담고 있는 직장과 아내의 직장, 아이들 학교 문제 등이 있어 당장 결정할 수 있는 사안이 아니었다.

"사업이란 100미터 달리기를 계속 반복해야 하는 마라

톤 경주와도 같다. 모든 과정을 전속력으로 달리면서도 전환점마다 숨 고르기를 하고 새로 시작해야 하는데 그런 경주를 하기에 내가 너무 나이를 먹은 것 같구나. 오늘 당장 결정하라는 게 아니야. 너한테도 서울에서의 생활이 있고 이것저것 걸리는 문제가 많다는 걸 안다. 그렇지만 올해 안으로는 정리하고 내려왔으면 하는 게 이 아비 생각이다."

홍부자는 바로 대답하지 못하는 것을 이해한다는 듯 아들의 손을 꼭 쥐곤 손등을 다독였다. 그것은 아들에 대한 홍부자의 믿음이었다. 홍태자에 대한 그의 믿음은 확고했다. 홍부자는 아들이 자기 말을 따를 거라는 사실에 어떠한 의심도 품지 않았다.


홍태자가 고향에 내려온 날, 홍부자는 오랜만에 온 가족과 함께 외식을 하고 싶었다. 하지만 시우는 회사 일이 바쁘다는 이유로 참석하지 않았는데 이것이 홍부자의 심기를 건드렸다. 홍부자의 눈에는 평생 자기가 하고 싶은 것만 하며 마음대로 사는 시우의 모습이 늘 불편했다.

제주의 한 신문사에서 사진기자로 일하는 시우는 무슨 특종이라도 잡은 건지 간밤에 집에 들어오지도 않았다. 딸이 자신을 아버지로 생각하긴 하는 건지 모르겠어서 다음

날 아침까지 서운함이 이어졌다.

출근 준비를 하고 있는데 노크 소리가 나며 시우가 방문을 가만히 열고 들어왔다. 죄송하다는 말을 들나 싶었건만 딸의 입에선 전혀 다른 말이 나왔다.

"스튜디오를 내고 싶어요. 아빠가 좀 도와주세요."

"뭐?"

홍부자의 서운함은 이제 분노로 바뀌어가고 있었다. 그렇게 사진 찍는 것 좀 그만두라고 말렸건만 이젠 직접 스튜디오를 내겠다니, 도대체 아비 말을 듣긴 듣는 건지 궁금했다.

"너 나한테 돈 맡겨뒀냐?"

"오빠가 아들이라는 이유로 재산을 전부 받는 것은 불합리해요. 저도 제 몫은 있다고 생각해요. 오빠가 부모님을 모신 것도 아니고 명절 때도 겨우 내려오고, 올케 언니는 아버지랑 사이도 안 좋아서 몇 년째 집에 와보지도 않고요. 저번에 상가 명의를 오빠 이름으로 해주셨을 때도 오빠는 안 받겠다고 하는데 아빠가 혼자 다 결정해서 등기까지 해주시니 솔직히 서운했어요. 아버지는 제가 모시는데 재산은 다 오빠가 받잖아요."

시우 말에 홍부자는 어이가 없었다.

"누가 누구를 모시고 사는지 모르겠구나."

"아빠와 저의 입장 차가 큰 것 같네요."

"입장 차의 문제가 아닌 것 같구나. 너한테 돈 공부를 가르친 보람이 없다."

자식들에게 돈의 가치를 가르쳐주지 않는 것은 밥을 주지 않는 것과 마찬가지라는 게 홍부자의 생각이다. 돈의 가치를 안다는 건 돈을 제대로 벌 줄도, 쓸 줄도 안다는 뜻이다. 홍부자는 맨주먹으로 수백억 원이 넘는 재산을 일구어낸 사람답게 돈에 대한 개념만큼은 누구보다 확고했다.

홍부자 입장에서는 되도록 언성을 높이지 않으려 애를 쓰며 이야기한 것이었지만 시우는 아버지의 이런 생각이 마음에 들지 않았다. 거기다가 어젯밤 자신이 찍은 사진 때문에 데스크와 한바탕 말싸움을 벌였고, 좀처럼 결말이 나지 않아 밤새 붙들려 있다가 지금 놓여난 참이었다. 아침부터 아버지가 늘어놓는 돈 교육은 그저 스트레스일 뿐이었다.

"아빠, 돈이 인생의 전부는 아니잖아요. 가난해도 행복할 수 있다고요. 저는 큰 걸 바라지 않아요. 집 한 채와 먹을 음식, 그리고 함께할 가족만 있으면 충분해요."

시우의 대답에 홍부자는 답답해서 속이 터질 지경이었

다. 홍부자는 아무것도 모르는 딸에게 경각심을 심어주고 싶었지만 그럴수록 딸은 아버지에게 반발심만 생기는 모양이었다.

어이없다는 표정으로 딸의 얼굴을 바라보던 홍부자가 낮게 한마디 했다.

"그건 이상일 뿐이지 현실은 달라. 너도 돈 벌려고 밤새 일하고 오지 않았니?"

"아뇨, 저는 제 일이 좋아서 해요. 또 좋아하는 일을 하다 보면 돈은 자연스럽게 들어온다고 생각하고요."

부자란 돈으로부터 자유로운 사람, 돈을 목적으로 살지 않는 사람이라는 게 홍부자의 생각이었다. 홍부자는 아들과 달리 딸한테는 삶보다 말로 가르쳤다.

"누구나 돈을 목적으로 살지 않는다고 하지만, 하기 싫은데도 어쩔 수 없이 일을 하고 있는 거라면 그건 결국 돈 때문에 일한다는 얘기야. 직장을 그만두고 싶어도 돈이 없어 그만두지 못하고, 사업을 때려치우고 싶어도 그러지 못하는 게 바로 돈 때문이란 말이다. 부자는 하고 싶은 일을 하는 사람이 아니라 하고 싶지 않은 일을 안 할 수 있는 사람이야. 그런데 하고 싶지 않은 일을 안 하며 살 방법은 한 가지뿐이다. 자신만의 부의 개념을 명확히 설정하고 그 길을 걸어가는 것, 그 방법밖엔 없어."

홍부자는 사람들이 먹고사는 문제에서 헤어나지 못하기 때문에 돈 앞에서는 줄에 매달린 꼭두각시 같은 삶을 살아간다고 여겼다.

"돈이 인생의 전부는 아니잖아요."

"젊었을 때는 돈이 없어도 상관없지만 늙어서는 돈이 없으면 안 돼. 그래서 돈도 몸 건강할 때 굴려야 하는 거다."

"돈 버느라 자기 시간도 없이 통장 잔고만 쌓아서 뭐 하게요. 그래 봤자 자본주의의 노예가 될 뿐이죠."

"돈은 목적은 아니지만 자유를 가져다준다."

"돈이 있다고 다 행복한 건 아니잖아요."

"그럼 가난하면 행복하니? 돈이 전부가 아니라는 말은 돈 없는 사람들의 자기변명에 불과해. 진짜 돈은 행복을 가져다주지. 행복을 원하면 진짜 돈을 얻으면 돼."

"돈이 필요는 하겠지만 돈을 버는 과정에서 문제가 생기죠."

"나는 가난뱅이와 부자로 다 살아본 사람이다. 가난은 결코 고결하지 않아."

"돈은 꼭 필요한 만큼만 있으면 된다고 생각해요. 아빠는 돈이 얼마나 있으시죠?"

"너희들 장래에 대해 계획을 세울 정도는 있지."

"그런데 뭘 더 갖고 싶어서 그래요? 그리고 내 장래 계획은 내가 세워요."

홍부자는 벽에 대고 이야기하는 사람처럼 답답한 표정으로 한숨을 내쉬었다.

"넌 학교 다닐 때 사진 찍는 게 좋다고 대학도 경영학과에서 사진학과로 나 몰래 바꿨지. 취업하고서는 첫 출근하던 날부터 지금까지 입버릇처럼 힘들다고 불평하지 않았니? 그리고 이젠 사표 쓰고 스튜디오를 내겠다고 나한테 손 벌리는 거 아니냐. 사람은 자유만 추구하기보디 의무를 다해야 한다. 너희들한테 뭔가 할 수 있을 만큼은 주겠지만, 빈둥빈둥 놀게 만들지는 않을 거다. 돈을 모르고 살아갈 수 없는 것이 이 세상이야. 돈, 돈, 돈 하지 말라지만 돈그 자체가 인생이다."

아버지가 말하는 세상은 어떤 세상일까? 시우가 사는세상과 아버지가 사는 세상은 너무나 멀어 보였다.

신문사 사진기자인 시우는 대학 후배들에게는 잘나가는 선배로 알려져 있지만, 실상은 남들이 보는 것과 천양지차였다. 지방에서 여자가 직장 생활을 하는 것도 어려웠지만 언론사 일은 그야말로 만만한 게 아니었다. 게다가 예진이까지 혼자 키워야 하는 지금은 상황이 더욱 만만치가 않았다.

또한 중앙지와 달리 지방 신문사의 급여는 신통치 않았고, 월급이 제때 나오지 않는 경우도 많았다.

하지만 무엇보다 시우를 힘들게 하는 것은 자기가 원하는 사진과 회사에서 요구하는 사진이 다르다는 사실이다. 시우가 찍고 싶은 사진은 제주의 멋진 자연 풍광이었다. 사회에 경각심을 주는 시리즈를 기획해 깊이 있는 사진도 찍고 싶었다. 그런데 신문에 아름다운 자연 풍광이 실릴 지면은 없었고, 특종 사진을 찍었더라도 데스크의 의견과 다르면 결국 폐기처분되고 말았다. 사실 시우의 사진에는 사회가 일부러 외면하는 불편한 진실들이 자주 담기곤 했다.

이런 여러 사정을 고려하지 않은 채 아버지는 자신을 끈기 없고 변덕스럽다고 몰아붙이는 것이다. 시우는 내심 야속한 마음이 들었고, 수그러들었던 반발심이 다시 고개를 들었다.

"사진 찍는 일은 지금도 좋아요. 잘하기도 하고요."

홍부자는 고개를 설레설레 흔들었다.

"뭐든 취미로 할 땐 재미있겠지만, 그걸 업으로 하면 재미없는 일이 되기 십상이지."

홍부자가 늘 강조하는 주제가 드디어 등장했다.

시우가 대학 시절 학과를 바꿀 때 처음 들은 이래로 귀에 딱지가 않도록 들어온 홍부자의 단골 멘트였다. 원하던 것도 막상 얻게 되면 좋아지지 않는 경우가 많으니 홍부자 말이 아주 틀린 건 아니었다. 하지만 맞는 말이라고 해서 듣기 좋아지는 것도 아니다. 원래 맞는 말인데도 들으면 기분 나빠지는 것이 잔소리다.

"네가 게으르다는 말이 아니다. 너도 하루 종일 열심히 일하고 있다는 거 안다. 단지 세상 물정에 어두울 뿐이지. 벌이보다 씀씀이가 커서 돈이 남아나질 않는 거야."

스튜디오를 차리려면 아버지 돈을 빌려야 해서 그런지 전에는 귀담아듣지 않았던 이야기가 오늘따라 조금은 일리 있게 느껴졌다. 따지고 보면 사진도 취미로 찍을 때와 기자로서 찍을 때가 같지 않았다. 취미로 할 때는 하고 싶을 때만 할 수 있었는데, 일이란 것은 하고 싶지 않아도 해야 되는 때가 있다. 그러고 보면 돈만 있으면 진작 회사에 사표를 낼 수도 있었을 것이고, 무엇보다 이렇게 아버지의 잔소리를 듣고 있지 않아도 될 터였다. 시우는 처음으로 돈이 많으면 좋겠다는 생각을 했다.

시우가 그렇게 돈과 자기만의 방이 필요하다는 생각을 하고 있을 때 홍부자가 말했다.

"태자도 곧 서울 생활 정리하고 아주 내려오기로 했다."

"오빠 생각이에요? 아빠 생각이에요? 어렵게 들어간 직장이고 회사에서도 인정받고 있잖아요. 무엇보다 중요한 건 오빠 본인이 하고 싶은 일이 뭐냐가 아닐까요?"

홍부자는 시우의 말에 기분이 언짢아졌다. 딸의 입에서 나오는 말은 현실 감각 없는 얘기뿐이었기 때문이다.

"그만하면 사회 경험도 할 만큼 했고, 장남이니 이젠 아비 밑에서 사업 배워가면서 하나하나 물려받아야지."

시우는 영혼 없이 고개를 끄덕였다. 지금 이 시점에서 시우의 관심은 오빠가 물려받게 될 아버지의 회사가 아니라 아버지로부터 작은 스튜디오를 차릴 만큼의 돈을 얻어내는 일이었다.

그런데 이때 전혀 뜻밖의 말이 귀에 들려왔다.

"그래서 말인데, 이번 기회에 너도 아비 밑에서 회계업무를 맡아보면 어떻겠니?"

"회계업무요?"

눈이 휘둥그레진 시우가 되물었다.

홍부자는 딸도 신문사 생활을 접고 부자유통에 들어와

일을 배우게 하고 싶었다. 아무래도 자기 밑에 두면 사진기자일 때보다 밖으로 덜 나돌게 되니 집안 살림에 좀 더 충실할 수 있으리란 생각이었다. 회계부 일을 맡게 되면 자연스레 돈에 대한 생각도 바뀌지 않겠나 하는 계산도 있었다.

하지만 시우의 생각은 달랐다. 아버지의 성화를 못 이겨 들어갔던 경영학과는 도지히 직성에 맞지 않아 전과를 했다. 그런데 지금 다시 회계업무를 보라는 건 감옥으로 다시 들어가라는 말과 다를 게 없었다.

"아버지 전 관심 없어요. 장부 같은 거나 만들고 비용 아끼겠다고 악착 떠는 건 저랑 안 맞아요."

"'장부 같은 거나'라니! 네 그 성질머리 때문에 숨이 막힌다. 그리고 회계 일은 돈 버는 눈을 계발하는 데 필요하다고 몇 번을 말하냐."

홍부자의 말이 끝나기도 전에 얼른 시우가 나섰다.

"기분 상하셨다면 죄송해요. 하지만 종일 답답한 사무실 책상에 앉아서 일할 수 없다는 거 아시잖아요. 그리고 저는요, 좀 더 중요한 일을 해보고 싶어요."

"언제 책상에 앉아서 일을 해보기는 했니? 해보지도 않고 적성에 맞는지 안 맞는지 어떻게 알아? 회계를 맡는다는 것은 내 비서실장이 되는 거나 다름없을 정도로 중요한 일이다! 좋아하는 일만 찾아다니지 말고 해야 할 일을 좋아했으면 좋겠구나. 아빠가 이렇게 일하는 것은 다 자식들을 위해서다. 너희들이 부족함 없이 살아갔으면 하는 아비의 마음을 그렇게 모르겠냐."

"하지만 아빠, 저는요……."

"생각하시 말고 그냥 하거라. 네가 하고 싶은 대로 할 거면 네 돈으로 하고, 내 돈 가져가려면 내 말대로 해."

딸의 입에서 안 된다는 말이 나올세라 홍부자가 토막을 치듯 잘라 말했다.

"1년만 착실하게 일하면 네가 원하는 대로 스튜디오를 차려주마. 난 조건을 제시했다. 할지 안 할지는 네 자유다."

시우로서는 약간 뜻밖의 제안이었다.

"생각보다 조건이 많네요. 생각보다 훨씬요."

"나는 돈이 있고 넌 재능이 있다. 내 거 하나를 주면 너도 네 거 하나를 줘야지."

"일리 있는 말씀이세요. 동의한다는 말은 아니지만요."

"과거에 권력은 병권에서 나왔지만 지금의 권력은 자금을 누가 쥐고 있는가에 달려 있다. 회계업무는 단순해 보여도 모든 힘이 거기에서 나오게 되어 있다. 그래서 가장 믿을 만한 사람이 아니면 맡기지 않는 법이고. 회계와 세금을 모르고 스튜디오를 꾸려나갈 순 없지."

시우는 회사에서 권력을 잡거나 출세할 욕심은 전혀 없었기 때문에, 홍부자의 말은 귀에 들어오지 않았다. 이러다가는 꼼짝없이 아버지 회사에서 회계업무를 하게 될 것 같았다. 하루 종일 사무실 안에 갇혀 있을 걸 상상하니 벌써부터 가슴이 답답해졌다.

하지만 한편으론 1년만 참고 일하면 자신의 스튜디오를 낼 수 있으니 나쁘지 않은 제안이었다. 게다가 아버지 말도 일리가 있는 게, 스튜디오를 운영하려면 어쩔 수 없이 회계든 장부 작성이든 해야만 하지 않겠는가? 그걸 돈까지 받아가면서 배울 수 있다면 손해는 아닐 것 같았다.

더 길게 얘기할 시간이 없다면서 홍부자는 서둘러 일어섰다. 출근길의 아버지를 배웅하면서 시우는 아무래도 당장은 아버지와 타협하는 게 나을지도 모른다고 생각했다.

누군가 사망세를 없애줬으면 좋겠어.

그게 내가 원하는 거야.

내가 죽었다는 이유만으로

세금을 내고 싶진 않아.

내 아이에게 무언가를 준다고 해 보자고.

나는 이미 세금을 냈는데,

왜 내가 죽었다고 다시 내야 하지?

- 우피 골드버그

성실납세자가
호구인증서?

'잘한 결정일까? 지금이라도 그냥 관두겠다고 할까?'

밤새 뒤척이며 고민한 끝에 아버지의 제안을 받아들이기로 했지만, 여전히 시우는 자신의 선택이 옳은지 확신할 수 없었다.

시우는 현실에 짓눌려 질식할 것만 같았다. 그런 상황에서 아버지의 제안은 현실의 고통을 해소할 수 있는 도피처로 보이기도 했다. 회계업무를 통해 숫자를 익히면 나중에 스튜디오를 운영할 때 도움이 될 거라는 기대감도 있었기에 결국 홍부자의 제안을 받아들이기로 했다.

회계부는 사장실에 딸린 비서실 같은 사무실에 자리하고 있었다. 얼마 전까지는 왕고참 직원이 있었다는데 최근에 회사를 그만둬서 지금은 직원이 한 명뿐이었다.

사무실엔 시우를 위한 새 책상이 들어왔고, 언제 파놓았는지 회계직원인 경희가 '홍시우'라는 이름이 찍힌 명함도 가져다주었다.

"벌써 명함까지 만들었어?"

전부터 동생처럼 알고 지내던 사이라 스스럼없이 물었더니 경희가 웃으면서 대답했다.

"네, 사장님께서 언니 출근할 거라고 만들라 하셨어요. 사장님 성격이 워낙 급하시잖아요."

상상이 갔다. 이제 아들과 딸까지 자신의 회사에 두게 됐으니 홍부자는 지금 세상을 다 얻은 기분일 것이다.

"그런데 홍시우 대리는 뭐야?"

"사장님께서 그렇게 만들라고 하시던데요?"

사장 딸이라는 타이틀에 대한 거부감과는 별개로 막상 명함에 찍힌 '대리'라는 직급을 확인하자 기분이 묘했다. 사주社主의 자식에게 직급은 별 의미가 없다는 걸 알지만 그래도 대리는 심한 것 같았다. 언론사 생활을 10년 넘게 했고 후배들에게는 '전설의 선배님'으로 통하는데 하루아침에 중소기업 대리라니, 괜히 부당하게 강등된 기분이었다.

시간은 빠르게 지나, 홍 대리가 부자유통에서 일을 시작한 지도 어느덧 한 달 가까이 지났다. 새로운 회사에 적응하랴, 처음 해보는 업무 배우랴, 하루하루가 정신없이 지나갔다.

홍 대리는 다소 멍해진 상태로 복도를 지나고 있었다. 땅에 관심이 많은 홍부자는 10층짜리 빌딩을 지었고, 부자유통은 그 건물의 제일 위층 세 개를 쓰고 있었다. 다른 층에는 금융기관부터 건설회사, IT회사, 보험회사, 연구실 등이 다양하게 입주해 있었다. 아직 기자 기질이 몸에 남아 있는 홍 대리는 이렇게나마 다른 업종 종사자들을 만난다는 사실 자체가 즐거웠다.

"누군 좋겠네. 사장 딸로 태어나서 바로 낙하산 타고 내려오고……."

복도를 혼자 어슬렁거리던 홍 대리는 재빨리 비상계단으로 몸을 숨겼다. 복도 끝의 카페에서 새어 나오는 목소리의 주인공은 분명 영업부 문대호 부장이었다. 포스터가 잔뜩 붙은 유리창 너머로 서넛이 둘러앉은 게 보였다.

"직급은 대리지만 이건 사장 딸이라고 상사로 모셔야 하는 판국이니……."

문 부장이 툴툴거리자 옆에 있던 꼬장꼬장하게 생긴 남

자가 맞장구를 쳤다.

"아무리 딸이라도 사장님이 그러시면 안 되지. 막말로 개가 유통업의 '유' 자라도 아나?"

"회사 말아먹기 딱 좋죠. 낙하산은 회사 망하는 지름길 이잖아요?"

한 사람씩 푸념을 늘어놓았다. 홍 대리는 도마 위에서 난도질을 당하고 있었다. 당장이라도 뛰어 들이기 한마디 하고 싶었지만, 꾹 참았다. 결국 비상계단을 통해 자리를 피하기로 했다.

화도 나고 억울함도 느껴지는 참 복잡한 심정이었다. 매번 웃으면서 인사해 오던 문 부장이 뒤에선 저렇게 뒤통수를 치고 있다니 인간적인 배신감이 느껴졌다. 하지만 그 사람들 입장도 이해가 갔다. 아무리 사장 딸이라는 타이틀이 싫다고 해도 홍 대리가 홍부자의 딸이라는 사실은 변하지 않았다. 그리고 그들 말대로 유통업에 대해 아무것도 모르는데 딸이라는 이유로 채용 과정도 없이 바로 대리 직급을 달고 들어왔으니, 낙하산이라고 해도 할 말이 없는 상황이었다. 앞으로의 회사 생활을 떠올리니 눈앞이 캄캄했다.

비상계단으로 한 층 내려간 홍 대리는 이런저런 생각을 하며 엘리베이터를 향해 터덜터덜 복도를 걸어갔다. 직원들의 쑥덕거림이 계속 들려오는 듯해 귀를 틀어막고 싶은 심정이었다.

마음을 가라앉히고 천천히 눈을 뜨며 고개를 드는데 '한라회계법인'이라고 쓰인 현판이 눈에 들어왔다.

건물 안에 회계법인이 있는데도 다른 세무사와 거래를 해왔다는 사실이 이상하다며 경희에게 물어봤던 기억이 떠올랐다.

경희는 고개를 설레설레 흔들며 불퉁한 표정으로, 회계사가 육지에서 내려온 사람이고 평판이 그다지 좋지 않다고 했다. 경희는 제주 토박이 특유의 기질 탓인지, 회계사가 육지에서 왔다는 것만으로도 그런 평판을 받아 마땅하다는 투로 말했다.

가뜩이나 직원들이 벼르고 있는 판국이니 능력을 키워야 했다. 그러나 부자유통 담당 세무사는 너무 무뚝뚝하고 틱틱거려 뭘 물어볼 수도, 배울 수도 없었다. 자신이 세무 전문가라는 것을 과시하려는 것인지 고객을 가르치듯 대하니 불편했다. 그래서 다른 세무 전문가를 찾던 중이었는데, 마침 가까운 곳에 회계법인이 있다니 반가웠다.

"홍 대리님, 오늘은 급여 날이라서 원천세 신고를 해야 해요."

경희는 필요할 때마다 회계에 필요한 기본적인 사항들을 홍 대리에게 알려주었다. 사실 조금 전까지만 해도 아랫사람에게 일을 배우는 게 괜스레 쑥스럽고 내키지 않았지만, 오늘 점심 시간을 기점으로 홍 대리의 심경에는 커다란 변화가 일어났다. 제대로 회계업무를 배워, 뒤에서 자신을 흉보던 회사 직원들의 코를 납작하게 눌러주겠다는 마음이 들었던 것이다.

경희가 작성해 온 급여명세서를 들여다본 홍 대리는 자신의 급여가 전 직장에서 받던 것보다 적어졌다는 데 실망하지 않을 수 없었다. 자신의 나이와 사회 경력을 볼 때 이건 너무 심한 처사였다. 더욱이 이런 상황도 모르고 부서장들은 자신을 낙하산이라고 몰아붙이고 있으니…….

양 주먹에 불끈 힘이 들어갔다. 속마음을 감추며 홍 대리는 다른 쪽으로 화제를 돌렸다.

"무슨 세금을 이렇게 많이 떼?"

급여에 비해 실수령액이 상당히 적었다. 홍 대리가 그렇게 생각하는 것은 당연했다. 직장인이 내는 근로소득세는 유리지갑이나 다름없었다. 게다가 개인사업자가 부담하는 종합소득세는 감소한 반면 근로소득세는 몇 년간 40퍼센트나 증가하고 있는 실정이었다. 정부는 근로소득세수 급증 요인으로 경제회복으로 취업자가 늘면서 근로소득세를 납부하는 사람이 늘었다고 설명했으나 이를 믿는 사람은 별로 없었다.

경희도 자신의 급여명세서를 보면서 맞장구를 쳤다.

"세금도 세금이지만 4대 보험에서 더 많이 떼요. 세금보다 더 무섭다니까요."

"번 것도 없는데 세금만 무진장 내는구나. 세금 안 내면서 살 수는 없을까?"

홍 대리가 한숨을 내쉬며 농담처럼 말했다. 언론사에서 월급만 받을 때는 몰랐는데 회계업무를 맡게 되니 보이지 않던 것이 보이기 시작했다.

"솔직히 세금 내기 싫은 사람이 어디 한둘인가요. 일용근로자들 중에는 소득신고 한다고 하면 4대보험이 부담돼서 그만두는 사람도 있고, 계속 근무하는 직원인데도 원천세 줄이려고 일용근로자로 신고하는 사람도 있고요."

일용근로자 노무비대장을 살펴보니 10명에 대한 지급액 50만 원은 증빙이 없는 상황이었고, 증빙불비가산세를 내고 신고한 후에도 세무서에서 물으면 소명해야 했다.

"그러면 증빙 없이 신고는 어떻게 해?"

"편법을 써요. 10명한테 10만 원씩 지급한 것으로 처리하면 일단 신고는 할 수 있으니까요."

"그럼 신분증을 낸 10명은 자신이 받은 것보다 신고되는 금액이 더 많을 테고, 그렇게 되면 그 사람들만 부당하게 세금을 더 내게 되는 거잖아?"

"그래도 10만 원밖에 안 되니까 세금 부담은 없어요. 문제는 4대 보험에서 생길지도 모르지만……."

홍 대리는 경희의 말에 안심하면서도 내심 걱정이 됐다. 얼마 전 소득이 적은 사람들을 대상으로 세금을 환급해 주는 제도가 생긴다는 신문기사를 본 기억이 있는데, 그렇게 되면 자신이 번 것보다 많이 신고되는 건 결코 좋은 일이 아니었다. 한편으로 실업급여나 퇴직금을 생각하면 급여가 높은 것이 유리해지기 때문에 적게 신고되는 것도 바라지 않을 것이다. 그러나 근로자들은 세금에 대해 크게 관심을 갖지 않는 것 같았다.

총소득이 적은 사람들을 대상으로 부양가족, 주택, 재산의 요건을 따져서 세금을 환급해 주는 근로장려세제가 시행되고 있었다. 원래 세금 환급은 납세자가 납부한 금액을 환급해 주는 것이다. 연말정산 환급금도 마찬가지다. 매월 원천징수한 세액에서 환급되는 것이다. 그러나 근로장려세제는 납부하지 않아도 국가에서 지원해 주는 세금이다. 저소득 근로자에게 실질적 소득을 지원해 그들이 극빈층으로 추락하는 것을 예방하고 근로 의욕을 북돋기 위해 시도한 정책이다. 이런 제도의 시행은 그동안 세금에서 소외되어 왔던 일용근로자의 관심까지 불러일으키고 있었다.

그러나 부모가 소유한 아파트에 살며 재산을 숨기거나 맞벌이 아내 수입을 감추고 근로장려금을 신청하는 등 제도의 허점을 노린 부정수급이 급증하고 있었다. 근로장려금을 신청한 4명 중 1명이 무늬만 저소득층일 정도로 온 국민이 탈세에 동참하고 있는 것이 현실이다.

그런 반면 홍 대리는 신문사에서 근무하던 시절부터 근로소득세를 내왔지만 세금이 많다거나 세금을 줄여보고 싶다는 생각은 전혀 하지 않았다. 그건 다른 직원들도 마찬가지였다. 그러고 보면 회사에서 세금에 관심이 있는 사람은 홍부자뿐인 것 같았다. 홍부자는 처음 재산을 물려받을 때부터 상속세 때문에 크게 고생해서인지, 신고 때만 되면 회계부에 세금을 줄이라는 지시를 몇 번이나 내리곤 했다.

"직원들은 별로 관심이 없는데 왜 유독 사장님만 그렇게 세금에 관심이 많을까?"

급여대장을 뒤적거리면서 중얼대는 홍시우 대리를 보며 경희가 웃었다.

"사장님은 먼저 자신의 호주머니에 돈을 넣었다가 나중에 거기서 돈을 빼서 세금을 내니까 세금에 민감하죠. 그런데 직원들은 회사에서 세금을 원천징수하고 나머지만 통장으로 입금하니까 세금에 관심을 가질 이유가 없잖아요."

맞는 말이었다. 그렇게 근로자들의 세금을 원천징수하다 보니 근로자들이 점점 세금에 무감각해져 가는지도 모른다.

마침 연말정산 시기라 직원들이 들락거리며 관련 서류를 가져오고 있었다. 그들은 모두 연말정산을 열세 번째 월급으로 생각하고 있었다.

사실 연말정산을 하면 환급받는 것이 거의 당연했고, 누가 환급을 많이 받는가로 세테크 능력을 따졌다. 그러나 연말정산은 난데없이 공짜 돈이 생기는 행사가 아니었다. 근로소득은 매월 급여를 지급할 때 간이세액표를 적용해 대략적인 세금을 징수하여 국세청에 납부하고, 세금을 뺀 나머지만 직원한테 지급한다. 이렇게 미리 징수하는 것을 '원천징수'라고 한다. 매월 원천징수한 세금은 대략적으로 계산한 세금이므로, 연말에 가서 연간 급여에 대한 정확한 세금을 계산하게 된다. 즉, 연말정산은 정확히 계산한 연간 근로소득세와 매월 원천징수한 세액을 비교하여 그 차이를 조정하는 것이다.

정산 결과 환급세액이 발생하는 것은 근로자들이 실제 내야 할 세금보다 많은 세금을 매월 선납했기 때문이다. 그러므로 환급은 국가에서 보너스를 주는 것이 아니라 근로자가 미리 냈던 세금을 돌려받는 것에 불과하다. 그것도 국가로부터 이자 한 푼 받지 못하고 예치한 것을 돌려받는 것이었지만, 근로자들은 환급을 받으면 좋아했다.

그런데 언젠가부터 정부가 소비를 촉진시키기 위해 매달 근로소득에 대한 원천징수 세금을 줄였더니 연말정산 때 환급액이 줄거나 추가로 납부해야 하는 상황이 발생했고, 그 바람에 오히려 소비가 위축되는 현상이 나타났다. 연간 단위로 보면 세금이 동일한데도 말이다. 인간은 사실 그리 합리적이지 않은 존재인지도 모른다. 매월 줄어든 원천징수 세금의 이득보다 나중에 한꺼번에 닥친 세금의 손실을 더 크게 느끼니 말이다.

연말정산으로 인한 세금폭탄의 관념은 오해로 생긴 것인지도 모르나 국민들의 분노를 샀다. 아무리 조삼모사일지라도 근로자에게 목돈을 징수하는 것은 부담이었기 때문이다. 차라리 미리 떼고 돌려받는 것이 낫다는 의견이었다.

사람들은 내야 할 세금을 제때 제대로 내는 것이 서로에게 가장 좋은 일임을 알지 못했다. 차라리 연말정산으로 내야 할 세금이 많다면 이 또한 여러 번에 걸쳐서 내게 하는 제도가 절실했다.

홍 대리는 세금에 대한 조세저항을 간단히 없애버리는 자동이체의 무서운 힘을 깨달았다.

회사라면 수입에서 비용을 빼서 소득을 계산하겠지만 근로자는 수입만 있을 뿐 비용이 없다. 그래서 회사의 비용에 해당하는 항목을 만든 것이 소득공제다. 말하자면, 소득공제는 근로자의 생활비에 해당하는 것이다. 생활비가 많이 들어가면 그만큼 남아 있는 소득이 적기 때문에 세금을 적게 내고, 생활비가 적게 들어가면 세금을 더 내야 한다.

그렇다면 생활비를 어떻게 따질 것인가? 생활비는 부양가족 수가 많은 경우와 실제 생활비를 많이 지출하는 경우에 늘어나므로 이 두 가지 요소를 고려해 결정해야 한다. 즉, 부양가족 수를 판단해서 1인당 얼마씩 공제해 주는 '인적공제'가 있고, 부양가족을 위해 지출한 비용을 모아서 공제해 주는 '비용공제'가 있다. 의료비나 교육비, 기부금 등이 비용공제에 해당한다.

이렇게 공제항목을 계산하면 수입에서 소득공제를 차감한 잔여 소득금액에 대해 세율을 곱해서 급여에 대한 근로소득세를 계산하게 되는 것이 연말정산 과정이었다. 사람들은 비용공제에 관심이 많았지만, 자주 틀리는 것은 오히려 인적공제였다. 과다 환급을 받은 사람의 절반 이상은 배우자나 부모 등 부양가족공제를 잘못 받은 경우다. 부양가족공제를 받으려면 연 소득금액이 100만 원이 넘지 않아야 하는데, 부양가족에게 소득이 있는 것을 알지 못하고 공제받는 경우가 많았다. 또 맞벌이 부부가 자녀를 이중으로 공제받거나 형제자매 간에 부모를 이중 삼중으로 공제받는 것도 흔히 발생하는 오류였다. 비용공제는 회계부서에서 대체로 검증하여 신고하지만 부양가족에 대해서는 회계부서에서도 잘 알지 못해 국세청 사후 검증에서도 자주 지적되는 사항이었다.

과거에는 직원들 세금은 국세청이 건드리지 않았지만, 최근에는 연말정산시스템이 잘되어 있기 때문에 납세자들의 잘못된 신고를 손쉽게 파악할 수 있어 연말정산에도 세심한 주의가 요구되고 있었다.

연말정산의 1계명은 이제 '환급액을 늘리는 것'에서 '가산세 폭탄을 안 맞는 것'으로 바뀌고 있었다. 그나마 소비가 아닌 저축을 하면서 세금혜택을 받을 수 있는 주택청약, 연금저축, 퇴직연금이 환급을 대신해 세테크의 마지막 주자를 지키고 있었다.

그리고 세금이 복잡해진 이유는 아이러니하게도 소득공제나 세액공제 같은 세금혜택 때문이라는 것을 알게 되었다. 연말정산만 해도 소득공제 항목이 되는가를 두고 여러 복잡한 경우가 발생했기 때문이다. 원래 단순해야 공정한 법인데 선거철만 되면 너도나도 세금감면 공약을 내걸기에 제도가 복잡해져 버렸다. 세금혜택은 받는 사람에게는 좋은 것이지만 받지 못하는 사람에게는 불공정하고 복잡한 것이다. 누군가가 그랬다. 모든 세금의 공통적인 조세원칙은 누진성, 명확성, 중립성, 단순성이라고. 그러나 한국 세법은 각종 감면으로 얼룩지고 있었고 국민을 위해 만든 혜택이 오히려 국민을 불편하게 만들었다.

직원들의 연말정산 서류를 살피던 경희는 툴툴거렸다.

"소득공제 서류도 안 가져오고 공제를 해달라는 분들이 꼭 있다니까요."

"누가 서류 안 가져왔어?"

무슨 문제가 있으면 도와줄 생각으로 홍 대리가 고개를 돌리며 물었다.

"영업부 문 부장님 말이에요. 부양가족 현황을 봐야 하는데 주민등록등본만 가져왔지 뭐예요. 주민등록에 올라 있지 않은 가족들은 다른 가족관계를 확인할 수 있는 서류가 필요한데, 시간이 없다면서 알아서 공제해 달라잖아요. 필요한 서류는 안 가져오고 자신이 올해 성실납세자로 선정되었다고 우편물을 제출했더라고요."

"성실납세자?"

"세금 잘 내면 보내주는 서류래요. 근데 사람들은 성실납세자 인증서가 호구인증서래요."

경희의 말에 홍 대리는 속으로 웃음을 참으며 말을 이었다.

"다른 주소에 사는 부양가족이 있나 보지?"

"장애인인 동생이 따로 사는데 공제해 달라는 거예요. 장애인등록증도 안 가져오고 말이죠."

홍 대리는 장애인들이 사는 복지단체에서 영업부 문 부장과 처음 인사를 나눴던 사실이 떠올랐다. 동생이 장애가 있어 복지단체에서 지낸다는 얘기를 들은 홍부자가 회사 차원에서 기부금을 내려고 문 부장과 함께 그곳을 방문했고, 마침 취재를 나온 홍 대리와 마주쳤던 것이다.

자신의 눈으로 직접 보고 들었기 때문에 문 부장이 동생을 부양하고 있다는 사실은 틀림이 없었다. 홍 대리는 복지단체에서 문 부장을 처음 만났던 얘기를 경희에게 들려주었다.

"사실은 사실이니까 서류가 없다고 안 해줄 순 없잖아?"

"대리님도 참. 만약 나중에 세무서에서 서류 달라고 하면 전 어떡해요. 규정에도 증빙이 있어야 공제가 된다고 나와 있다고요."

경희의 응수에 홍 대리는 말문이 막혀버렸다. 증빙이 없다고 해서 엄연한 사실을 부인하는 것이 맞는지 의문이 들었다. 그리고 요즘은 연말정산간소화 서비스를 통해서 간단하게 부양가족을 등록하고 소득공제를 하는 방법이 있는데도 아직 회사에서는 과거 방식대로 일 처리를 하고 있었다.

"신고 들어가야 할 날은 다가오는데 서류는 들어오지 않고…… 이러다 몰아서 밤샘해야 되는 건 아닌지 모르겠어요."

경희는 어떤 회사나 해마다 그렇다면서 걱정을 해댔다. 전직 기자답게 홍 대리는 앉아서 걱정만 하느니 차라리 그

시간에 발로 뛰는 게 낫다고 생각했다.

"경희 씨, 우리가 직접 서류를 받으러 다니면 어떨까?"

"귀찮게 왜 우리가 돌아다녀요? 아쉬운 사람이 가지고 와야죠."

"잊어버리고 있을 수도 있잖아."

"그럼 공제 안 해주면 되죠. 우리가 아무리 신경 써서 해줘도 그쪽에선 고마운 줄도 모른다고요."

그렇게 말하는 경희를 보고 있자니 자신에게 회계업무 가르쳐주는 것도 귀찮아하던 무뚝뚝한 양세형 세무사의 모습이 겹쳐 떠올랐다. 회계업무를 맡는 사람들은 속도 좁을 뿐만 아니라 엉덩이에 본드를 붙였는지 다들 꼼짝달싹하기 싫은 모양이었다.

"사실 첫 출근 이후 여태 다른 부서 사람들하고 공식적으로 인사 나눈 적도 없고 해서……. 서류 핑계 삼아 인사나 돌까 하는데, 경희 씨가 안내해 주면 좋잖아."

경희가 얼굴을 찡그리며 마지못해 일어섰다.


"안녕하세요? 이번에 회계부에서 일하게 된 홍시우 대리예요."

구매부의 박윤모 부장을 향해 홍 대리가 인사를 건넸

다. 자세히 보니 며칠 전 자신에 대해 이러쿵저러쿵 떠들던, 꼬장꼬장하게 생긴 바로 그 인물이었다. 이렇게 웃으며 인사를 건네는 자신에게 그가 어떤 반응을 보일지 궁금했다.

"아, 사장님 따님? 복도에서 종종 마주쳤는데 인사를 해도 바쁜지 그냥 가시더라고요. 인사만 잘해도 직장에선 반은 먹고 들어가는 건데……."

박 부장은 껄껄 웃으면서 가시 박힌 말을 했다.

"네, 제가 아직 회사 사람들 얼굴을 잘 몰라서요. 앞으로 주의하겠습니다."

홍 대리가 다시 한번 인사를 하자 박 부장은 부서 사람들을 일일이 소개하며 한 바퀴를 돌았다. 그러는 와중에도 "김 대리는 왜 그 건을 아직도 붙잡고 있어?"라든가 "저거 비뚤어졌잖아, 누가 붙였어?"라는 식의 시시콜콜한 지적을 멈추지 않았다. 막판엔 거래처 전화가 온 모양인데 상대가 누구인지 확인하자마자 이것저것 따져 묻는 기색이었다. 통화가 끝나길 기다리고 있는 홍 대리를 보더니 박 부장은 이제 가도 된다는 듯 손짓을 했다.

그 방을 나오자 기다렸다는 듯 경희가 귓속말을 했다.

"박 부장님은 직원들을 달달 볶는 스타일이에요. 조금

이라도 마음에 안 들면 직원들한테 잔소리하고 훈계하고, 구매는 세심해야 된다면서 직원들까지 무지 '세심하게' 다뤄요. 거래처에도 잔소리를 많이 할수록 좋은 상품 싸게 가져올 수 있다면서요. 하긴, 집에 가봐야 얘기할 사람도 없는 주말부부다 보니 회사에서 저렇게 말이 많은 것 같아요."

"주말부부라고?"

"네, 부인이랑 아들은 지방에 있대요."

홍 대리는 수첩에 박윤모 부장과 구매부 직원들에 대한 신상명세를 메모하고는 영업부로 발길을 돌렸다.

영업부는 부서 특성상 외근이 많아서인지 자리를 지키고 있는 직원이 별로 없었다.

"아이고, 홍시우 대리님. 그래, 일은 할 만해요?"

안면이 있는 영업부 문 부장은 이번에도 호탕하게 웃으며 먼저 인사를 해왔다.

'뒤에서는 그렇게 흉을 보더니…….'

"차근차근 배워가는 중이에요. 그런데 연말정산 서류 중에 몇 가지 빠진 게 있어서요."

"가족관계증명서랑 장애인등록증 가져다주셔야 하거든요."

옆에 서 있던 경희가 냉큼 앞으로 나서며 말했다.

"그거 꼭 필요해? 요즘 감귤주스 납품 건 때문에 여간 바쁜 게 아니라서 말이야."

문 부장은 대수롭지 않다는 듯이 툭 말을 던졌다.

"그럼 공제 못 받으시는 거고요. 증빙도 없는데 방법이 없잖아요."

"아, 알았어. 집에 말해두지 뭐."

문 부장과 대화를 마치고 돌아서는데 이번에도 경희가 친절하게 귓속말을 했다.

"문 부장님은 회사 내 가장 요주의 인물이에요. 계약서도 없이 어디어디 납품하기로 했다고 말하면 끝이에요. 창고 상품을 자기 마음대로 꺼내다 거래처에 증정품으로 돌리기도 하고요. 그 문제로 박윤모 부장이랑 한 달에 한두 번은 크게 다퉈요. 두 분이 유명한 앙숙이거든요."

누구에게나 생리적으로 맞지 않는 사람이 있다. 나에게 피해를 주지 않아도 미운 상대가 있는데 아마도 박 부장과 문 부장의 관계가 그런 것 같았다. 경희는 박윤모 부장과 문대호 부장 외에도 주의해야 할 사람들을 몇 명 더 알려주었다. 몇 군데를 돌고 나니 부서장급 이상 임원들에게는 얼추 인사를 마친 것 같았다.

홍 대리는 넉넉잡아 한 시간 정도면 인사 도는 일이 끝날 줄 알았다. 그런데 사장의 딸이라 그런지 만나는 사람마다 가족에 대한 안부부터 이것저것 줄줄이 늘어놓는 바람에 퇴근 무렵이 돼서야 자리로 돌아올 수 있었다.

지금처럼 아는 것이 전혀 없는 상태로는 세무사나 경희의 말에 주눅이 들어 지낼 수밖에 없을 것이다. 게다가 다른 직원들까지 낙하산이 별수 있겠냐는 등 대놓고 무시한다면 1년은커녕 두 달도 못 버티고 짐을 싸야 할지 모른다. 세무사가 없어도 세금을 계산할 수 있는, 아니 초등학생도 세금을 계산할 수 있는 단순명료한 세법이 있었으면 하는 생각마저 들었다.

오늘날 세율은 너무 높은데

세수가 너무 낮다는 것은

역설적이게도 사실입니다.

장기적으로 세입을 늘리는

가장 건전한 방법은

세율을 낮추는 것입니다.

— 존 F. 케네디.

부동산을
따라다니는
세금

홍태자는 고민 끝에 결국 서울에서의 직장 생활을 접고 제주로 내려왔다. 아이들 학교 문제가 금방 해결되지 않아 아내와 아이들은 당분간 서울에 남기로 하고 혼자 내려왔기 때문에 아버지 집으로 들어오기로 했다. 그런데 한집에 살아도 홍태자의 얼굴 보기란 하늘의 별 따기였다. 무슨 일인지 하루 종일 밖으로 나돌다가 밤늦게 들어오는 날이 많았다. 아침 일찍 안방에 들어가 홍부자와 장시간 얘기를 나누고는 곧바로 외출해 버리곤 했다. 더욱 이상한 건 직장에 사표를 낸 게 확실한데도 부자유통에 출근할 기미가 전혀 없다는 사실이었다. 아버지 회사가 아닌 다른 회사에 취직하기로 마음을 먹은 건지 뭔지……. 대체 무슨 꿍꿍이인지

시우는 도통 알 수가 없었다.

"나랑 놀아주지도 않고, 외삼촌은 왜 그렇게 바빠?"

외삼촌과 같이 살게 됐다며 좋아했던 예진이가 작은 입술을 내밀며 투덜거렸다. 궁금증은 며칠 후에 풀렸다.

자식들을 불러놓고 홍부자는 선언하듯 말했다.

"유람선 사업을 하기로 했다."

"네? 유람선 사업이라니요!"

홍 대리는 휘둥그레진 눈으로 홍부자를 보다가 옆에 앉은 홍태자에게로 시선을 돌렸다. 홍태자는 이미 다 알고 있다는 표정이었다.

홍부자는 제주에 본점을 둔 마트를 몇 개 가지고 있는데, 그중 제주에서도 가장 노른자 땅에 위치한 마트가 고민거리였다. 수년 전 바로 옆에 들어선 국내 1위 대형 마트와의 경쟁에서 밀려 매출이 급감하고 있었던 것이다. 그런데 대형 마트끼리도 치고받는 형상으로, 국내 2위 대형 마트가 또 그 옆에 마트를 내려 했으나 주변에 부지가 없어 고심하는 중이었다. 마침 점점 떨어지는 매출에 걱정이 많았던 홍부자는 재빨리 마트와 부지를 팔았다.

당시에 홍 대리는 아버지가 마트와 부지를 생각보다 저

렴하게 파는 것을 보고 의아하게 생각했는데, 그 이유는 결국 유람선 사업 때문이었던 것으로 밝혀졌다. 더욱이 홍부자는 이번에 땅을 팔면서 부동산 투자의 리스크가 크다는 사실을 깨달았고, 그 결과 유람선 사업 쪽으로 더욱 마음을 굳히게 됐다. 과거에 부동산 투자로 돈을 벌기도 했지만 현재의 상황은 예전과 달라, 땅 판 돈에서 세금 내고 은행이자를 빼면 더 이상 남는 장사가 아닌 듯싶었다.

"그동안 들어간 공사비와 은행 이자를 빼면 남는 것도 없는데 세금까지 내야 한다니 이해할 수 없군."

"이자비용은 양도세에서 경비처리가 안 돼요. 대출받아서 부동산 투자로 돈 버는 사람들을 위해 양도세 혜택을 줄 수 없다는 거죠."

"결국 돈 버는 건 은행하고 정부뿐이군."

양도소득세는 부동산을 양도했을 때 양도차익에 대해 내는 세금인데, 양도차익은 불로소득이라는 인식이 강하다. 그래서 투기수단으로 악용되는 경우가 많고, 세율이 매우 높다. 특히 정부에서는 건물이 없는 나대지 상태의 땅을 양도하는 경우나 단타매매, 다주택자 경우 등을 투기성으로 간주했다.

몇 년 전만 해도 팔라고 해도 안 팔았던 부동산인데 갑자기 내놓게 되니까 제값을 받기 힘들었다. 시세보다 30퍼센트나 싸게 내놓아 겨우 팔았는데, 양도소득세가 발목을 잡았다. 홍부자는 오래전 아버지의 죽음으로 상속세 폭탄을 맞았을 때 세무사 조언을 받아 시가를 상당히 낮춰서 공시지가로 신고했었다. 그러다 보니 취득가액이 너무 낮아서 양도차익이 높게 나와 생각보다 세금이 커졌다. 세금을 줄이려고 한 선택이 족쇄가 되어 오히려 세금을 키웠고, 정작 돌아오는 것은 별로 없었다.

"감귤 사업은 제주에서 경쟁력을 잃은 지 오래됐어요. 앞으로 농산물로 돈 벌기는 더욱 힘들어질 게 분명하고요. 제가 보기에는 깨끗한 자연환경을 이용하는 길밖엔 없습니다. 그중 최적의 아이템이 유람선이죠."

제주도는 사방이 바다이고 깨끗한 자연 경관이 강점이기 때문에 유람선 사업에 적합하며, 제주의 멋진 풍광을 체험할 수 있도록 테마만 잘 짠다면 반드시 성공할 거라고 홍태자는 자신 있게 말했다. 아버지를 설득하는 데 성공했으니 이제 자금 문제도 해결이 됐다.

홍태자를 서울에서 내려오게 한 것은 홍부자였으므로 신규 사업에 대한 전권을 홍태자에게 맡겼다. 자금 관리를 총괄하는 회계책임자를 맡았으니 전부를 가진 것과 마찬가지였다.

그러나 한편으로 홍부자는 새로운 사업에 뛰어든다는 사실이 못내 걱정스러웠다. 아무리 홍태자가 대기업 건설 회사를 다니면서 조선업 쪽에도 발을 들인 적이 있다고는 하나, 홍부자로서는 경험이 전무한 사업에 투자한다는 사실이 마음에 걸렸다.

선뜻 결정을 내리지 못하고 있을 때 기후 변화로 인해 감귤이 이제 남해안 일대에서도 재배될 수 있다는 신문기사가 나왔다. 감귤은 더 이상 제주만의 특산물이 아닌 것이다. 우려했던 문제가 현실로 나타나자 돌파구를 찾아야 한다고 생각한 홍부자는 결국 그 돌파구로 유람선 사업을 선택했다.

유람선 사업은 '태자유람선'이라는 회사명을 내걸고 일사천리로 진행됐다. 홍태자의 주도로 회사가 세워졌고, 마트를 판 자금 30억 원을 투입했다. 그러나 30억 원은 신규 사업에 필요한 자금으로는 턱없이 부족했다. 유람선은 생각보다 돈이 많이 들어가는 사업이었다. 배는 아직 육지에서 건조 중이었고, 인허가 절차를 진행하는 데에만 자금의 상당 부분이 쓰이고 있었다. 더욱 심각한 것은 인허가 절차

자체보다는 동네 주민들의 반대가 너무 커서 비용이 만만치 않게 들어가고 있다는 점이었다. 관할관청에서는 지역주민의 동의를 얻어 오면 인허가를 해주는 데 문제가 없다고 했지만 그게 쉬운 일이 아니었다.

주로 바닷속의 해산물을 따는 물질로 생계를 유지해 왔던 어촌계 사람들은 생존권을 위협받지 않을까 하는 마음에 유람선 사업에 반대하고 나섰다. 홍태자는 어촌계 사람들을 일일이 만나서 설득하고 여러 차례 봉사금을 전달했다.

그런 식으로 느릿느릿 사업이 진행되다 보니 30억 원은 금세 바닥을 드러냈다. 홍태자는 부족한 자금을 마련하기 위해 금융기관을 줄기차게 들락거려야 했다. 하지만 마트 사업을 할 때만 해도 VIP로 대우해 주던 주거래은행은 유람선 사업에 대해서는 매우 인색하게 굴었다.

"사장님, 유람선 사업은 대출 기피업종 중의 하나입니다."

여신 담당 부장은 미안해하면서도 대출이 불가능하다는 입장을 분명히 했다. 속이 타는 홍태자는 유람선 사업의 비전을 열심히 설명했다.

"우리가 사는 제주도를 위해서라도 단순히 보는 관광

에 머물 게 아니라 관광객들의 감성을 건드릴 수 있는 코드로 새롭게 전환해야죠. 그런 의미에서 유람선만큼 전망 있는 사업이 없습니다."

홍부자도 말을 거들었다.

"아름다운 바다 위에서 유람선을 타고 제주의 멋진 풍광을 감상한다고 생각해 보세요. 관광객들이 얼마나 좋아하겠어요? 특히 우리 제주엔 저녁 관광거리가 없지 않습니까?"

"제주 관광의 맹점이기도 하지요."

은행담당자도 인정한다는 듯 고개를 끄덕였다. 이때다 싶어 홍태자는 자신이 생각하고 있는 유람선 사업의 이미지를 그려볼 수 있도록 설명을 덧붙였다.

"유람선 위에서 식사도 하고 술도 마시면서 제주 야경을 구경하면 얼마나 즐겁겠어요?"

은행담당자도 공감하는 표정이 역력했으나 대출을 할 조건은 안 된다고 했다. 실제로 회사가 안정적으로 운영되고 구체적인 사업 실적이 가시화되어야 가능하다는 말만 반복했다.

"사업계획이 훌륭하다는 건 인정하겠습니다. 하지만 신규 회사인 만큼 위험부담이 많기 때문에 태자유람선 앞으로 대출은 해드릴 수가 없습니다. 대신 마트 사업을 하시면서 저희 은행과 거래하신 실적이 있으니까 마트 쪽 대출은 한번 알아봐 드릴 수 있습니다."

마트 쪽으로 대출을 받아 유람선 사업 자금으로 사용하면 어떻겠느냐는 우회적인 제안이었다.

"좋습니다. 그렇게라도 해주시면 고맙죠."

"하지만 원하시는 만큼은 대출이 안 될 가능성이 큽니다."

"그럼 얼마나 될까요?"

"혹시 ESG우수기업은 아니시죠? ESG우수기업을 위한 대출상품이 있거든요."

"아직 우리 규모로는 ESG를 신경 쓸 여유가 없어서요."

"그러면… 50억 원을 요청하셨는데 많아야 30억 원 정도입니다. 물론 대출을 위해 담보도 제공해 주셔야 되고요. 마트 쪽에서 걸 수 있는 담보물이 적으니까 나중에 유람선이 들어오면 배에 대한 저당권을 설정해 주시는 조건입니다."

"알겠습니다. 그 정도는 문제없어요."

그렇게 해서 간신히 대출을 받았지만 여전히 20억 원 정도가 부족했다. 은행에는 더 이상 기대하기 힘들고 남은 방법은 주주를 모집하는 것뿐이었다.

젊은 시절 아버지로부터 물려받은 사업이 부도가 났을 때, 홍부자는 몇 년 동안 외가 친척들이 많은 전라도로 이주해 재기의 기반을 다졌다. 그때 알고 지내던 사람들 중엔 성공한 사업가들이 꽤 있었고, 그들에게 홍부자는 제주에서 감귤과 마트 사업을 해 크게 성공했다고 소문이 나 있었다. 힘든 시절 도움을 주고받던 사이였고 그 후로도 서로 신뢰를 어기지 않고 살아왔던 사람들인지라 선뜻 자금을 투자해 태자유람선의 주주가 되어주었다. 그 자금은 20억 원에는 미치지 못했지만 그래도 당장 배를 만드는 일까지는 해결할 수 있을 것 같았다.

"어쩐지 좀 신경이 쓰이네요."

"뭐가 신경 쓰인단 말이냐?"

"자금은 어느 정도 모았지만, 주주들이 너무 많아져 버렸어요."

"그게 무슨 큰 문제라도 되냐?"

홍부자는 부채가 줄고 자본이 늘어 다행이라며 투자해 준 이들에게 고마운 마음만 갖고 있었다. 그런데 홍태자는 그게 신경이 쓰인다는 것이었다.

"주주들이 경영에 간섭할 여지가 그만큼 많아지니까

요. 처음 하는 사업인 만큼 리더가 일관성 있게 끌고 나가는 분위기가 중요한데, 주주들이 번번이 간섭하려 들 것 같아 걱정이 되네요."

홍부자는 손을 내저으며 아들의 말을 일축했다.

"다들 나하고 형제 같은 사람들이니 그런 걱정은 안 해도 된다. 예전에 내가 그 사람들한테 도움 준 적도 많으니 의리 때문에라도 불필요하게 나서는 일은 없을 게야."

홍부자는 여전히 자신과 신뢰가 돈독한 사람들이 주주가 돼서 오히려 잘됐다고 생각했다. 또한 설사 주주들이 자신과 뜻이 맞지 않더라도 주주들 각각의 지분보다 자신의 지분이 많다는 점도 홍부자를 안심시켰다. 주주들이 경영권에 타격을 입힐 만큼 심각하게 간섭하려면 서로 담합을 해야 할 터이지만, 홍부자는 그들 각각을 알아도 그들은 서로를 잘 모르는 상황인지라 그것도 쉽지 않을 게 분명하다고 했다.

이런 이유로 홍부자는 주주 문제에 관해선 아주 느긋한 심정이었다.

"그나저나 너희들에게도 지분을 조금 나누어주는 게 좋을 것 같은데 말이다."

홍부자는 자식들을 앉혀놓고 지분 얘기를 꺼냈다. 사업

초기 회사 실적이 얼마 없을 때 지분을 자식들 이름으로 해놓는 게 회사가 커진 후 넘기는 것보다 간단하다는 사실을 홍부자는 경험을 통해 알고 있었다. 비상장회사의 주식 가치는 회사의 순자산과 순손익을 가중평균해서 계산하기 때문에 회사가 작을 때는 증여를 해도 세금이 얼마 되지 않지만, 회사가 커지면 그만큼 재산과 이익이 많아져서 물려줄 때의 세금도 늘어난다.

"아버지 생각이 그러시다면야 나중을 생각해서라도 그렇게 하는 게 낫겠네요."

홍태자는 동의하는 입장이었지만 홍 대리는 생각이 달랐다.

"하지만 지금 저희들에게 지분을 나눠주면 다른 투자자들에게 좋지 않은 인상을 주지 않을까요?"

아무리 돈에 욕심이 없는 홍 대리라지만 아버지 회사의 지분을 갖게 된다는 사실이 싫을 리 없었다. 하지만 이번에는 문제가 달랐다. 아버지 개인의 재산이라기엔 너무 많은 이해관계자가 얽혀 있었고, 유람선 사업에 들어간 아버지 재산을 위해서라도 다른 문제가 불거지지 않도록 투자자들 입장을 고려해야 하니 마냥 좋아할 일만은 아니라는 생각이 들었다.

동생의 얘기를 들으며 홍태자의 머릿속도 복잡해졌다. 사전 증여는 나중에라도 문제가 생길 수 있는 만큼 구태여 지금 무리수를 둘 필요는 없을 것 같았다.

지분 문제는 여러 가지 세금 문제를 발생시킬 수 있다. 주식의 절반 이상을 소유하여 과점주주가 되면 회사가 부동산 등을 매입할 때 낸 취득세를 과점주주가 한 번 더 내야 하는 이중부담이 생기게 된다. 또한 과점주주는 회사의 채무까지 책임지게 될 수도 있다.

한편 증여세도 문제였다. 가업 상속에 대한 세금 혜택이 있다는 것은 들은 적 있지만 요건도 까다로울 뿐 아니라 그 정도 혜택으로는 가업승계가 원만하게 이루어지기 힘들 것이었다. 증여세를 피하기 위해 홍부자의 주식을 홍태자에게 양도하는 형식으로 신고를 하는 방법도 생각해 보았지만 가족 간의 양도는 증여로 추정되어 오히려 세무조사 리스크만 올라갈 가능성이 컸다.

홍태자가 입을 열었다.

"시우 말에 저도 동의해요. 지분 문제는 나중으로 미루고, 당장은 사업에만 집중하는 게 좋을 것 같습니다."

부모에게 잘하다가도 재산을 물려받고 나서는 부모를 외면하는 자식들 이야기가 심심찮게 들렸다. 효도를 약속하고 재산을 증여한다는 효도계약까지 등장하는 시대에 자기 아들딸이 이렇게 욕심 부리지 않는 모습을 보자 홍부자는 뿌듯해졌다.

"다른 집 자식들은 재산 빨리 물려달라고 아우성이라는데 너희는 이렇게 사업부터 생각해 주니 아주 믿음직스럽구나. 너희들 마음이 이러니 분명 유람선 사업도 잘되겠지. 언젠간 부자유통도 태자유람선도 모두 너희들 차지가 될테니 그저 내 것이라 생각하고 열심히 일해주기 바란다."

하지만 어쩐지 홍 대리는 불안했다. 유람선 사업이 별 탈 없이 진행되고 있는 건지 자꾸만 걱정이 되었던 것이다. 그에 반해 홍태자는 유람선 사업의 성공을 믿어 의심치 않았고 대박의 꿈에 부풀어 있을 뿐이었다.

오늘날은

소득을 창출하는 것보다

소득세 양식을 작성하는 데

더 많은 두뇌와 노력이 필요합니다.

- 앨프리드 노이만

세금계산서만
잘 받아도
마진

"홍 대리님, 오늘 점심 뭐 먹을까요?"

점심시간이 되려면 시간이 남았지만, 경희는 배가 고픈지 벌써 점심 메뉴부터 생각하고 있었다.

유람선 사업이 본격화되면서 홍부자는 홍태자와 함께 외출하는 일이 많아졌다. 오늘도 텅 빈 사무실을 홍 대리와 경희 두 사람만이 지키고 있었던지라 10분 이른 점심시간에 토를 달 사람은 없었다. 그렇지만 홍 대리는 때 되면 먹어야 하는 점심이 그저 귀찮기만 해 심드렁하니 대답했다.

"아무거나 먹자."

그러자 경희가 반짝 눈을 빛냈다.

"북경반점 어때요?"

북경반점은 유명한 중국음식점으로, 서귀포의 터줏대
감으로 통했다. 가끔씩 서귀포까지 차를 몰아 북경반점에
가기도 했는데, 얼마 전 가까운 곳에 지점이 생겨 무척 반
가웠다.

새로 문을 연 북경반점은 맛도 맛이지만 널찍하고 여유
로운 주차장을 확보하고 있었다. 사장의 안내를 받아 좌석
을 찾아 들어가는데 문득 구석 테이블에서 영업부 직원 몇
명이 식사하고 있는 모습이 눈에 들어왔다. 경희는 얼른 홍
대리의 옆구리를 찌르면서 못 본 척하자는 눈짓을 보냈지
만, 이들을 먼저 본 영업부 직원 하나가 인사를 했다.

"홍 대리님 아니세요?"

"안녕하세요? 여기까지 식사하러 오셨네요?"

홍 대리가 어정쩡한 미소로 인사를 하자 영업부장인 문
대호 부장이 반갑게 손짓을 했다.

"이쪽으로 와서 합석하지."

문 부장의 말에 홍 대리는 좋았던 기분이 팍 상해버렸
다. 그렇다고 거절할 수도 없어 마지못해 자리를 옮겼다.
홍 대리와 경희가 자리에 앉는 동안 문대호 부장이 게걸스
레 음식을 먹으며 영업부 직원들을 둘러보았다. 영업부 직
원 하나가 호기심 가득한 얼굴로 확인하듯 식당 주인에게

물었다.

"서귀포에 있는 북경반점이 본점 맞죠?"

그러자 사장이 대답했다.

"네."

사실 본점과 지점 관계는 동일한 사업자로 등록되어 있을 때에만 해당된다. 따라서 이곳은 별도 사업자로 등록되어 있는 만큼 엄밀히 말하면 서귀포 북경반점의 지점은 아니었다. 그러나 본점과 지점 관계의 정확한 의미를 모르는 직원들과 사장은 당연히 그러려니 하며 무리 없이 얘기를 나누었다.

"그럼 본점과는 어떤 관계예요?"

"서귀포 북경반점이 시댁이에요. 본점에서 시아버지와 함께 가족 전체가 식당을 운영하다가 형님네가 중문에서 북경반점을 오픈해 먼저 독립했고, 저희 남편은 아버지 밑에서 계속 요리를 하다가 이번에 독립하게 됐어요. 저희 남편이 본점에서 주방 일을 도맡아 했으니 본점 맛 그대로일 거예요."

"혹시 시아버님께서 가게를 차려주신 거예요?"

문 부장은 가게를 누구 돈으로 차렸는지가 궁금했던 모양이다.

"아뇨. 서귀포 북경반점에서 일할 때 모은 돈이랑 은행에서 대출받은 돈이랑 합쳐서 마련한 거예요. 아직은 자금 여유가 없어서 건물과 주차장 모두 임차했어요."

"난 또……. 서귀포 북경반점이 돈을 많이 벌었다는 소문도 있고 해서요. 거기다 이름도 똑같은 북경반점이니까 부모 재산으로 건물이랑 땅을 산 건 아닌가 했지 뭐예요. 우리나라 사람들 으레 부모 재산을 다 자기 걸로 여기잖아요."

문대호 부장은 껄껄 웃다가 무슨 이유에서인지 홍 대리를 슬쩍 쳐다보았다. 아무래도 홍 대리 들으라고 하는 소리 같았다. 문대호 부장과 시선이 마주친 홍 대리는 갑자기 음식이 목에 걸리는 것 같은 기분이 들었다. 홍 대리 혼자 분에 겨워 하는 동안에도 사장은 얘기를 이어갔다.

"시부모님께 재산은 한 푼도 물려받지 않았지만, 그동안 북경반점에서 배운 걸로 이 가게를 운영할 수 있게 된 거잖아요. 돈으로 따질 수 없는 많은 걸 부모님으로부터 물려받은 셈이죠."

"요즘 재산 있는 사람들은 상속세나 증여세를 걱정하던데 사장님처럼 상속받으면 세금도 없을 거 아닙니까? 돈 많이 벌어서 부모님께 로열티라도 많이 주셔야겠네요."

영업부 직원 중 하나가 웃으며 대꾸하자 사장은 고개를 끄덕였다.

"네, 맞아요. 부모님 덕분에 이렇게 빨리 자리를 잡게 됐으니 이제부터는 용돈도 많이 드려야겠어요."

그때 문대호 부장이 뼈 있는 말을 툭 던졌다.

"홍 대리도 부모 재산 물려받을 생각 말고 여기 사장님을 본받아요. 따지고 보면 여러모로 그게 좋지. 부모 재산 물려받으면 세금도 내야 하는데, 사장님처럼 열심히 일 배우고 돈 모아서 자기 사업 차리면 세금도 안 내잖아요. 안 그래요?"

홍 대리는 맞받아치고 싶었지만, 1년만 참으면 스튜디오를 내주겠다고 한 홍부자의 말을 떠올리며 겨우겨우 참았다. 게다가 문대호 부장의 말이 아예 틀린 말은 아니라는 사실이 홍 대리의 가슴을 더욱 후벼 팠다.

홍부자도 가업을 홍태자에게 물려주기 위해 항상 세금 문제를 고민하고 있었지만, 사실 상속증여세만 줄인다고 성공적인 승계가 되는 건 아니었다. 상속증여세가 없는 나라라고 해서 백 년, 천 년 넘게 지속되는 회사가 나오는 것도 아니었다. 그렇다면 세금 문제가 가업승계에서 중요한 요소이긴 해도 그것만으로 가업승계의 성패가 결정되는 것은 아니리라. 북경반점은 가업승계 성공의 비결을 보여주는 모범사례인 듯했다.

홍 대리의 머릿속은 복잡해졌지만, 문대호 부장은 이 상황을 즐기는 듯 입을 놀렸다.

"홍 대리가 사장님 재산에 욕심이 있다는 건 아니지만, 사실 신문사에서 일하던 홍 대리가 갑자기 회계부 대리로 온 것도 그렇고……. 뭐, 세상을 살아가려면 홍 대리처럼 욕심이 있어야 하는 법이지."

문대호 부장은 삐딱한 말투로 홍 대리의 가슴에 비수를 꽂았다. 홍 대리로서도 찔리는 구석이 전혀 없지는 않았다. 늘 말로는 아버지의 재산에 관심 없다고 했지만, 실상 어느 정도는 탐을 내고 있었던 게 아닐까. 아버지니까 스튜디오 차릴 돈도 당연히 빌려줘야 한다고 생각했던 걸 보면 말이다. 물론 갚을 생각이긴 하지만 그렇다고 해도 '당연히' 빌려줘야 하는 건 아니지 않은가.

하지만 아무리 생각해도 자신이 문대호 부장이 말하는 것처럼 부모 재산 물려받을 생각만 하고 있는 사장 딸은 아니라고 자신할 수 있었다. 그렇다고 반박을 하자니 너무 구차하다는 생각이 들었다. 홍 대리는 화제를 돌렸다.

"참, 이번 감귤주스는 전망이 어때요?"

얼마 전 제주도 산하기관이 제조하는 감귤주스의 납품권을 부자유통이 독점으로 따낸 바 있었다. 이 일을 추진한 문대호 부장은 전 직원이 있는 자리에서 홍부자로부터 입에 침이 마르도록 칭찬을 들었을 뿐만 아니라, 탁월한 영업 실력을 입증한 덕분에 경쟁업체들로부터 은밀하게 스카우트 제의도 받고 있었다.

홍 대리가 감귤주스 얘기를 꺼내자 문대호 부장은 거들먹거리면서 말했다.

"반응이 기가 막히죠. 그렇잖아도 육지에서는 웰빙에 관심이 많잖아요. 가격이 비싼데도 친환경 감귤로 만들었다는 얘기에 주문이 폭주하고 있어요."

그때 직원 하나가 뭔가 떠오른 듯 홍 대리를 쳐다보았다.

"그런데 이번에 육지에 있는 대형 마트에서 감귤주스 5000만 원어치를 주문해 왔는데요, 그쪽에서 세금계산서를 끊어달라고 하던데……. 그럼 부가가치세는 어떻게 해야 돼요? 그쪽에서 받아서 세금을 내야 하는 거예요?"

갑자기 홍 대리의 머릿속이 하얘졌다.

"세, 세금계산서에다가…… 부, 부가가치세란 말이죠?"

회계업무를 담당하면서 세금계산서를 직접 보기는 했지만, 세금계산서와 부가가치세가 무슨 관련인지는 둘째

치고 부가가치세가 뭔지도 정확히 모르고 있었기 때문에 홍 대리는 어떻게 대답해야 할지 당혹스럽기만 했다.

세금계산서는 회사가 물건이나 서비스를 제공하고 그 대가를 받은 후 이를 증명하기 위해서 구입한 회사에 발행하는 것이다. 이 세금계산서에는 공급자, 공급받는 자, 공급가액과 부가가치세, 작성일자 등 네 가지를 필수적으로 기재해야 한다. 물건을 판 회사(공급자)는 공급가액의 10퍼센트를 부가가치세로 내고, 매입한 회사(공급받는 자)는 부가가치세를 그만큼 공제받을 수 있기 때문에 이 네 가지 기재 사항은 중요한 것이다.

그러나 현실에서 더욱 문제가 되는 것은 일자였다. 회사 간 거래에서는 물건을 팔고 돈은 나중에 받거나 못 받는 경우도 허다하다. 물건을 팔았으니 그 날짜에 세금계산서는 끊어주어야 하는데 돈을 받지 못한다면 판 쪽은 돈도 못 받고 부가가치세만 내게 된다. 그래서 회사들은 보통 물건을 파는 시점이 아닌 돈을 받는 시점에 세금계산서를 끊어주곤 하는 것이다. 하지만 이렇게 공급일자가 잘못 기재된 경우 세금계산서 자체가 무효가 돼, 물건을 판 회사는 가산세를 부담하고 매입한 회사는 부가가치세 환급을 받지 못하는 경우가 종종 발생한다. 현실과 이론에는 분명 차이가 있었다.

세금계산서는 거래의 기본에 속하는데, 홍 대리는 그 조차도 제대로 알지 못했다. 홍 대리를 도와줄 수 있는 유일한 인물인 경희는 하필이면 좀 전에 전화가 오는 바람에 저만치 떨어져 통화를 하는 중이었다.

눈만 말똥거리는 홍 대리를 보며 설레설레 고개를 짓던 문대호 부장이 대신 나섰다.

"회계업무 본 지 얼마 되지도 않은 사람이 뭘 알겠어."

문 부장의 말 속에는 네가 회계에 대해서 뭘 알겠냐는 비아냥거림이 섞여 있었다. 물론 사실이었지만 그렇다고 다른 사람에게서 이런 말을 듣는 게 기분 좋을 리 없다.

홍 대리의 마음을 아는지 모르는지 문 부장은 직원들을 둘러보며 가르쳐주듯 얘기를 이어갔다.

"우리는 농수산물 유통업을 하고 있어서 면세야. 그래서 이제껏 부가가치세도 내지 않은 거고, 앞으로도 쭉 낼 필요가 없는 거지. 알겠어?"

자리로 돌아온 경희가 그 말에 아리송해하며 긴가민가한 표정을 짓고 있는데, 질문을 했던 직원은 알겠다는 듯 고개를 끄덕거렸다.

"그럼 5000만 원으로 계약서 보내고 세금계산서 끊어주면 되겠네요?"

"그렇지. 이런 건 아주 기본 중의 기본이니까 다들 꼭 기억하라고."

문대호 부장이 껄껄대며 말했는데 홍 대리 귀에는 회계부 대리나 돼가지고 이런 기본 중의 기본도 모르냐는 말로 들렸다.

판매나 영업을 하다 보면 부가가치세 개념이 아주 중요한데, 계약할 때 보통 총 계약금액만 말하고 부가가치세를 별도로 언급하지 않는 경우가 많다. 하지만 그럴 경우 큰 탈이 생길 수 있다. 영업사원들은 5000만 원으로 계약을 하면 이 돈이 모두 수입이 되는 것으로 아는 경우가 많은데 그렇지 않다. 계약을 5000만 원으로 했다면 후에 세금신고를 할 때 그 10퍼센트인 500만 원을 부가가치세로 내게 되므로, 수입은 4500만 원으로 줄어들게 된다. 그러므로 수입이 5000만 원이 되려면 부가가치세를 별도로 계산하여 계약할 때 언급해야 한다.

계약할 당시에는 부가가치세를 생각하지 못하다가 나중에서야 부가가치세가 별도라고 말하면 대부분의 고객은 아주 불쾌해하며 주려고 하지 않는다. 즉, 물건을 파는 입장에서는 계약할 때부터 부가가치세를 감안해 자신들의 수입금액을 생각해야 하고, 반드시 부가가치세가 별도임을 미리 말해야 나중에 탈이 없는 것이다. 제조업의 순이익률이 5퍼센트가 채 안 되는 상황에서 매출의 10퍼센트를 세금으로 내버리면 적자운영을 해야 한다.

매출의 10퍼센트는 그만큼 큰 금액으로, 마진을 10퍼센트 내려면 피나는 원가 절감 노력과 매출 증가가 있어야만 한다. 그런데 판매담당들은 계약을 할 때 부가가치세 별도라는 말을 자주 놓친다. 계약금액만 적기 때문에 나중에 부가가치세만큼 수입이 줄어드는 경우가 발생하는 것이다. 사실 부가가치세는 판매자가 구매자에게서 받아 세무서에 내는 돈인데도 판매자가 부담하는 경우가 발생하는 것이다.

처음부터 계약을 잘해서 10퍼센트의 마진을 확보하려면, 부가가치세가 별도임을 분명히 해둬야 나중에 고객에게서 받기가 쉽다. 세금 떼면 남는 것이 없다고 할 때의 세금은 소득세가 아니라 부가가치세인 경우가 많다. 가격에서 부가가치세를 별도로 받는다는 것이 불가능하다고 생각하는 사람이 많기 때문에 더 그런 것이다. 쉬운 일은 아니지만 그렇다고 불가능한 일도 아니다. 회사를 상대로 판매하는 경우에는 매입자도 부가가치세는 공제받기 때문에 별도로 받더라도 당연하게 생각한다. 한편 일반 소비자를 상대하는 경우라면 공제받지는 못하지만, 부가가치세는 가격이 아니라 세금이라는 것을 인식시키는 것이 필요하다. 이것이 바로 세금의 의식 수준을 높이는 방법이다.

영업부서에서는 바로 이 점을 체크하려 한 것이지만 홍 대리로서는 답변하기가 버거운 상황이었다. 그런데 홍 대리는 그 얘기에 기분이 상하고 아니고를 떠나 어쩐지 아귀가 잘 맞지 않는 것 같다는 생각이 들었다. 계속 그렇게 해왔다면 왜 굳이 부가가치세라는 것에 대해 별도로 물었던걸까. 그러나 확실히 아는 게 없기 때문에 잠자코 앉아 있을 수밖에 없었다.

"김 계장, 지난번에 세금계산서 날짜 달라서 수정해 달라고 한 거래처 있지 않았나?"

문대호 부장의 지적에 직원 하나가 깜빡했다는 표정으로 경희 쪽으로 시선을 돌렸다.

"지난주에 서귀포리조트에서 그런 연락이 왔어요. 계산서 발행해 주고 자금 집행이 조금 늦어졌다고, 날짜 수정해서 세금계산서 다시 끊어달라고 하더라고요."

경희는 살짝 인상을 찌푸리더니 딱 잘라 거절했다.

"이미 신고 들어가서 안 돼요."

이때 문대호 부장이 또다시 끼어들었다.

"회계부에는 모르는 거랑 안 되는 것밖에 없나 보군. 따지고 보면 세상에 안 되는 일이 어디 있어? 아예 하지 않으려고 하거나 방법도 찾아보지 않으니까 그렇지."

"이미 신고가 들어가서 수정하게 되면 우리 회사가 가산세를 물어줘야 된다고요."

'수정'이라는 단어는 절대 허락할 수 없는 말인 것처럼 경희는 고개를 절레절레 흔들었다. 이미 태어나면 엄마 배 속으로 다시 들어갈 수 없는 것처럼 회계 담당자들에게 세금계산서 수정은 그만큼이나 불가능한 일인 듯했다.

그 모습을 지켜보던 홍 대리는 회계업무 얘기에서 자꾸 소외되는 자신이 답답하게 느껴졌다.

식사를 마치고 일어서는 홍 대리의 발걸음은 무거웠다. 문대호 부장의 뼈 있는 말을 맞받아치지 못하는 자신의 모습에 우울하면서도 속이 상했고, 회계업무 얘기만 나오면 꿀 먹은 벙어리가 되는 자신을 문대호 부장과 영업부 직원들이 얼마나 한심하게 봤을지 생각하면 견디기 힘들 정도로 자존심이 상했다.

"점심은 회계부에서 사지? 오늘 우리 영업부한테 배운 것도 많은데 교육비는 내야지?"

문대호 부장은 실실 웃으며 냉소적으로 말했다.

"네. 제가 사죠, 뭐……."

지갑에서 회사 카드를 꺼내던 홍 대리는 잠시 주춤하다 현금을 꺼내 계산하고 현금영수증을 발급받았다. 회사 카드로 결제하면 문대호 부장이 회삿돈 쓴다고 핀잔을 줄 게 뻔했기 때문이나.

그런데도 문대호 부장은 얄밉게도 그냥 넘어가질 않았다.

"나중에 회사에 비용 청구하는 거 아닌지 모르겠네. 국가도 돈을 막 쓰면 국민들이 세금을 내지 않으려고 하듯이 회사를 생각해서 돈 막 쓰면 안 되지."

"네? 저는 연말정산 때 공제받으려고 열심히 현금영수증 발급받는 중인데요?"

홍 대리는 연말정산 때 소득공제를 받기 위해서 현금영수증을 모으고 있었고 소득공제를 받으면 회사에서는 비용 처리가 안 된다고 알고 있었다. 지출한 금액은 회사든 직원이든 한 곳에서만 비용 처리가 되어야 하기 때문이다.

이럴 줄 알았으면 바닷바람 쐬면서 횟집에서 싱싱한 회나 먹을걸 하는 후회가 밀려왔다.

# 신용카드
# 소득공제,
# 절대 받지 마라

홍 대리가 홍영호 회계사를 만난 곳은 S 아카데미였다. 그때 홍 대리는 회계 교육을 받으려고 서울까지 가서 며칠 간 고생을 했다. 그런데 회계 교육을 하러 온 홍영호 강사는 제주에서 사업을 하고 있었고, 제주에서 온 교육생은 홍 대리 혼자였다. 그런 홍 대리에게 홍영호 회계사가 먼저 말을 건넸다. 서울에서 제주 사람을 본다는 것이 그리 쉬운 일은 아니었기에, 이곳에 강사로 선 홍영호 회계사가 교육생 명단을 보고는 먼저 말을 건 것이다. 둘은 마치 외국에서 한국인을 만난 것처럼 서로 반가워했다. 그런데 더욱 놀라운 사실은 홍영호 회계사가 홍 대리 회사 건물에 있는 한라회계법인의 대표라는 것이다.

이런 인연으로 홍 대리는 홍영호 회계사와 개인적인 대화를 할 정도까지 친해졌다.

"회계사님은 제주가 고향이 아니라고 들었는데, 어떻게 제주에 오게 되셨어요?"

"제주가 살기 좋잖아요."

"단지 그 이유 때문인 거예요? 제주에 연고가 없는 분이 여기서 산다는 게 쉽지는 않을 것 같아서요."

홍영호 회계사의 개인적인 이력에 대해 알게 된 것은 그로부터 한참 시간이 흐른 뒤 다른 사람을 통해서였다. 대학 졸업 후 한 기업의 영업팀 대리로 있다가 영업 스트레스를 피하기 위해 회계팀에서 일하게 됐고, 회계에 자신감이 생겨 따로 강의를 들으면서 회계사 시험을 준비했다고 한다. 그 후 회계법인에서 일하다가 진로에 대해 고민하던 끝에 앞으로 성장할 것 같은 제주로 오게 됐다고 했다.

홍영호 회계사는 베스트셀러 책을 출간하기도 했는데, 그 책에도 등장하는 애인 영주와 결혼해서 살고 있었다. 처갓집이 제주도라는데, 그 사실이 사업적으로 영향을 준 것은 아니지만 제주살이를 결심하는 데에는 어느 정도 영향을 미쳤다고 했다. 사실 육지 사람이 제주에 와서 사업을 한다는 것은 한국 사람이 미국에 가서 사업을 하는 것만큼

이나 어려움이 크기 때문이었다.

"연고가 없으시니 영업하기도 힘드시겠어요?"

"저는 연고 없는 척박한 땅에서 뛰어야 진정한 영업을 배울 수 있다고 생각합니다. 처음에 너무 쉽게 시작하면 나중에도 편하게 영업하려는 습관이 들어서 회사를 키워나가기가 쉽지 않을 테니까요."

홍 대리는 홍영호 회계사의 말에 무척 공감이 갔다. 다니던 직장을 그만두고 새로운 일을 시작한 자신의 현재 모습과 홍 회계사의 과거 모습이 어쩐지 비슷해 보였기 때문이다.

"저도 사진기자로 일하다가 일에 대한 스트레스 때문에 스튜디오를 차리려고 아버지 회사의 회계업무를 담당하게 됐는데……."

그러다가 갑자기 뭔가 재미난 게 떠오른 모양인지 홍 대리의 눈빛이 반짝였다.

"그러고 보니 전 지금 홍 대리고 회계사님은 과거에 홍 대리셨네요."

"그러게요. 그런 공통점이 있네요. 그런데 회계업무는 할 만하세요?"

홍 회계사는 신문기자를 하다가 회계업무를 맡은 시우

의 어려움을 함께 나누려는 듯이 물었다.

"솔직히 좀 힘드네요. 직원들이 회계 문제로 이것저것 물어보면 당황하기 일쑤예요. 따지고 보면 제가 회계업무를 잘 몰라서죠."

시무룩해하며 얼마 전 점심 때 북경반점에서 있었던 일을 얘기하던 홍 대리가 확인하듯 물었다.

"제가 점심 식대를 신용카드로 계산하려다가 현금으로 결제하고 현금영수증을 발급받았는데, 연말정산 때 공제받는 거 맞죠? 보통은 신용카드로 결제를 하긴 하는데……."

홍 회계사는 그 외에도 궁금한 게 더 있지 않느냐는 표정으로 고개를 끄덕였다. 공제받을 수 있다는 사실을 확인한 홍 대리는 자랑하듯 자신의 카드 사용 습관에 대해 늘어놓았다.

"전 한 푼이라도 더 공제받으려고 단돈 2000~3000원까지도 모두 카드로 결제해요. 요즘 유행하는 신용카드 풍차돌리기도 하고 있어요. 카드 신규발급자들에게 제공되는 페이백 혜택을 받자마자 카드를 해지하고 6개월이 지나면 다시 카드를 발급받아 페이백 혜택을 반복적으로 받고 있죠. 어차피 쓸 생활비니까 조금이라도 똑똑하게 사용하면 좋을 것 같아서요"

홍 대리의 자랑에 홍 회계사의 반응이 시원찮았다.

"보통 근로자들은 신용카드를 많이 써야 나중에 소득 공제도 많이 받을 수 있다고 알고 있는데요, 실제 효과는 아주 미미해요. 자신의 월급 중 절반 이상을 신용카드로 쓴다 해도 돌려받는 세금은 20만~30만 원 정도밖에 안 되니까요."

"신용카드 쓰는 게 그다지 세금절감 효과가 없다는 말인가요?"

"네, 생각보다 크지 않아요."

하지만 홍 대리는 수긍할 수 없었다.

"물론 회계사님처럼 돈을 많이 버는 분에겐 20~30만 원이 적은 돈이지만 저 같은 봉급쟁이한테는 아주 큰돈이거든요."

홍 회계사는 미소를 머금은 채 차근차근 설명해 주었다.

"제 말은 20~30만 원이 적은 돈이라는 게 아니에요. 신용카드를 사용했다면 최대한 공제를 받으면 좋겠지만 공제를 받기 위해 일부러 신용카드를 쓸 필요는 없다는 거죠. 신용카드라는 게 한번 쓰기 시작하면 자제력을 잃어버리기 쉽거든요. 30만 원 돌려받을 생각으로 1000만 원 넘게 쓰느니 차라리 카드 사용금액을 30만 원 줄이는 게 훨씬 재테크에 도움이 된다고 볼 수 있죠."

"아, 듣고 보니 정말 그러네요."

그제야 홍 회계사의 말뜻이 이해가 됐다.

일반 근로자가 자기 월급의 절반 이상을 카드로 사용해야 세금이 몇십만 원 절감된다면, 차라리 신용카드를 쓰지 않거나 아주 필요할 때만 쓰는 게 현명한 일임은 분명했다. 그렇게 되면 나중에 돌려받을 30만 원의 몇 배나 되는 돈을 절약할 수 있을 테니 말이다.

지금까지 신용카드를 사용해 소득공제를 받으라고 부추기는 듯한 카드사들의 광고를 귀가 따갑도록 들어왔던 홍 대리였다. 하지만 홍 회계사 말대로 반드시 필요한 지출은 신용카드를 사용하는 것도 괜찮지만, 단지 공제를 받을 목적으로 필요치 않은 지출까지 하는 것은 본말이 전도된 재테크였다. 아무래도 신용카드를 쓰다 보면 돈을 쉽게 쓰게 되고 그러다 보면 지출이 더 많아지기 때문이다. 그래서 국가에서도 신용카드보다 체크카드와 현금영수증 소득공제율을 높게 정하고 있는 것이라는 생각도 들었다.

홍 대리는 그동안 아무 생각 없이 카드를 긁어댔던 자신의 모습이 떠올라 부끄러워졌다.

홍 회계사는 친절하게 종이에 적어가며 이제까지의 설명들을 정리해 주었다.

"신용카드 소득공제를 크게 생각하는 사람들이 많은데 공제금액이 곧 환급액은 아니라는 걸 명심해야 합니다. 일반 근로자의 경우 실제 절세액은 카드 총사용액의 1~2퍼센트 정도에 불과해요."

"그것참, 어이없네요. 여태 그 기대로 무조건 카드를 고집했는데……. 아까 말한 '북경반점 점심 사건'도 그렇고요."

그러다가 홍 대리는 문 부장이 비아냥거리듯 한 말이 생각났다.

"그런데요, 회사에 비용으로 청구한다는 게 무슨 말이에요? 제 돈을 썼는데 어떻게 회사 비용으로 처리가 되죠?"

"회사가 지불해야 할 돈을 대납했다면 비용으로 청구할 수 있어요. 증빙은 신용카드 매출전표나 영수증이면 되는데 그게 꼭 회사 카드일 필요는 없고요. 접대비는 반드시 법인카드를 사용해야 하지만 다른 비용은 직원 개인이나 임직원 가족의 카드도 인정이 돼요. 직원 신용카드 공제는 아주 일부만 되지만 회사는 전액 경비처리되기 때문에 회사 경비처리가 훨씬 유리하죠. 또 회사는 부가가치세 매입 세액 공제 10%도 받을 수 있고요."

홍영호 회계사는 영수증 처리에 대한 이야기를 조금 더 해주었다.

세법에서 비용으로 인정되려면 업무와 관련된 지출이어야 하고, 증빙을 받아야 하며, 세법이 정한 적정 금액 이내에서 지출해야 한다. 증빙은 법에서 정한 세금계산서, 계산서, 신용카드 매출전표와 현금영수증을 말한다. 회계 담당자들은 영수증으로 모든 것을 기록하려 하고 영수증이 없다면 비용 처리를 안 하려고 하지만 세금은 실질과세가 원칙이므로 업무를 위해 돈을 지출하면 비용으로 인정된다. 다만 영수증이 없으면 그에 따른 증빙불비가산세를 물어야 하는데 그렇다 하더라도 가산세보다 세금절감액이 더 크므로 영수증이 없더라도 비용 처리를 하는 편이 회사에 유리하다는 것이다.

'북경반점 점심 사건' 때 어차피 자기가 사겠다고 했기 때문에 회사에 청구할 생각도 없었고 회사 카드를 쓰지도 않았는데 비꼬던 문대호 부장이 아주 부당하게 의심한 건 아니었던 것이다. 홍 회계사의 말대로라면, 사실 회사 직원들끼리 식사한 것이므로 홍 대리 개인 카드나 현금을 사용하더라도 회사 비용 처리가 가능하다는 것도 알게 됐다. 다시 그날 일을 떠올리자, 식사하면서 영업부 직원이 했던 질문이 퍼뜩 떠올랐다.

"아, 그리고 회계사님, 저희 회사는 면세사업자잖아요?"

홍 대리는 면세사업자는 세금이 면제되므로 모든 세금에서 해방되는 것으로 생각하고 있었다.

"네. 농수산물을 가공하지 않은 채로 유통하는 사업을 하시니까 부가가치세를 내지 않아도 되는 면세사업자가 맞죠."

"그런데 저희 회사 쪽에서 세금계산서를 끊으면 부가가치세 문제는 어떻게 되나요?"

홍 회계사는 차분하고 진지하게 설명했다.

"세금계산서를 발행하면 부가가치세를 내야 해요. 그리고 부가가치세는 상품을 구입하는 사람한테 받아서 내는 것인 만큼 매출과는 별도거든요. 그러니까 상품 액수와 별도로 구분해서 청구하셔야 되고요."

홍 회계사가 문득 이상하다는 듯 홍 대리를 쳐다보았다.

"그런데 왜 세금계산서를 발행하려는 거죠?"

홍 회계사의 질문에 홍 대리는 재빨리 머릿속으로 그때의 상황을 정리했다.

영업부 직원은 매입처에서 세금계산서를 끊어달라고 하자 세금 문제를 떠올렸던 것이고, 부가가치세를 별도로 받아야 하는지 확인하기 위해 홍 대리에게 물어본 것이다. 그런데 문대호 부장이 우리 회사는 면세사업자라면서 부가가치세를 내지 않는다고 잘라 말했다. 하지만 홍 회계사의 말을 듣고 보니 문대호 부장의 얘기는 아무래도 앞뒤가 맞지 않았다. 부가가치세를 내지 않으니 그건 신경 쓰지 말고 매출액만 세금계산서를 끊어서 보내면 된다고 하지 않았던가.

"감귤주스를 납품하는데 영업부에서 부가가치세를 별도로 받아야 하는지 물어봤거든요."

홍 회계사는 그제야 상황을 짐작할 수 있었다.

"아마 그 영업부 직원은 세금계산서와 계산서의 차이를 모르는 것 같네요. 세금계산서와 계산서는 회사나 거래처 마음대로 선택해서 발행할 수 있는 게 아닙니다. 부가가치세를 내는 상품이면 세금계산서를 발행하고, 부가가치세가 면제되는 상품이면 계산서를 발행해야 하는 거예요. 다시 말해 어떤 상품을 팔았느냐에 따라 세금계산서를 발행할지 계산서를 발행할지가 달라지는 거죠. 이를테면 가공하지 않은 농축수산물은 면세대상이지만, 그 농축수산물을 가공한 상품이라면 과세대상으로 바뀌는 겁니다."

"그렇다면 감귤을 그 상태 그대로 유통하는 경우는 부가가치세를 내지 않지만, 감귤로 주스를 만들면 가공을 한 거니까 부가가치세를 내겠네요?"

"그렇죠. 부가가치세는 상품을 산 사람에게 받아서 내는 것인 만큼 무엇보다 자신이 파는 상품이 부가가치세 과세대상인지 아닌지를 아는 게 아주 중요해요. 여기서 헷갈리면 10퍼센트의 마진을 이미 계약 단계에서 놓쳐버리는 꼴이 되죠. 부가가치세는 상품 가격의 10퍼센트인데 그걸 판매한 사람이 물게 되거든요."

"그럼 저희 회사가 5000만 원에 상품을 납품하기로 계약하고 구매자 쪽으로부터 5000만 원만 받으면 안 된다는 건가요?"

"네, 감귤을 5000만 원에 납품하셨다면 면세니까 5000만 원만 받고 계산서를 끊어주면 됩니다. 하지만 가공한 감귤주스를 판매한다면 부가가치세를 내야 하니까 500만 원을 별도로 청구해야 하죠. 즉, 5500만 원을 받아서 5000만 원은 회사의 수입으로 기록하고 500만 원은 세금으로 내야 한다는 겁니다. 이러한 사항들을 정리해서 납품업체에 주어야 하는데, 그게 바로 세금계산서죠."

결국 세금계산서와 계산서의 차이는 부가가치세가 있느냐 없느냐의 차이였다. 세법에서는 또 기초생활필수품에 대해서 부가가치세를 면제하고 있는데 이는 생필품 등의 가격을 낮춰 국민들의 부담을 덜어주기 위해서였다.

홍 회계사와 얘기하는 내내 홍 대리는 양 세무사를 떠올렸다. 홍 회계사의 설명을 듣고 있자니 양 세무사의 쭉 째진 눈이 더 얄밉게 느껴졌다. 얄미운 사람이 또 있었다. 제대로 알지도 못하면서 잘난 척을 해대는 문대호 부장이었다. 북경반점에서의 일만 생각하면 정말 부아가 치밀었다. 하지만 담당인 자기가 잘 모르는 것이 문제의 원인이었음을 알기에 남 탓만 하고 있을 수는 없었다.

"앞으로는 회계사님을 자주 찾아뵙고 이것저것 많이 배워야겠어요. 그런데 오늘 들은 얘기만 해도 너무 어려운데, 세금을 공부하려면 굉장히 많은 시간이 필요하겠죠?"

홍 회계사는 입가에 미소를 띠었다.

"홍 대리님이 세금에 대해 다 잘 알면 우리 같은 사람은 뭐 먹고 삽니까?"

"아…… 그러고 보니 괜히 회계사님만 귀찮게 만드는 걸지도 모르겠네요."

"귀찮기는요. 전혀 그렇지 않습니다, 하하. 사실 세금을 자세히 안다는 게 아주 어려운 일이거든요. 세금에 대해 다 알겠다는 욕심을 부리기보다는 차라리 저희 같은 세무 전문가를 여러 명 알고 있는 게 훨씬 효율적이라는 말이죠. 전문가들이 있으니 전혀 몰라도 된다는 얘기는 아닙니다. 아는 게 있어야 질문도 할 수 있을 테니까요. 대신 세무 전문가에게 자신의 사업과 관련한 요구사항에 대해 이것저것 물어보는 게 중요해요. 그럴수록 세금도 줄어들고 세무 리스크도 줄어드니까요."

그날 홍 대리는 사무실로 돌아오자마자 영업부에 전화해 부가가치세가 무엇인지, 그리고 계산서와 세금계산서의 차이는 무엇인지 알려주었다.

그러나 홍 대리의 설명을 대충 흘려들은 영업부 직원들은 이후로도 감귤에 대해서도 세금계산서를 발행해 달라고 하거나 부가가치세를 포함해 계산서를 끊어달라고 하기 일쑤였다. 더욱이 감귤주스 건에 대해선 끝내 5000만 원만 받아 왔다. 결국 과세와 면세의 차이를 몰라 매입처가 부담할 부가가치세까지 회사에서 부담하게 된 것이다.

세상에서

가장 이해하기 어려운 것은

소득세 입니다.

- 알베르트 아인슈타인

판매왕도
세금 모르면
큰코다친다

"머니 바이블 블로그에서
더 많은 회계 꿀팁을 전수해 드립니다."

부자유통 회의실에서는 회의가 한창 진행되고 있었다. 회의라고는 해도 결국엔 홍부자의 일방적인 지시로 끝날 공산이 컸다. 이번 회의 주제는 '대형 마트들과 어떻게 경쟁할 것인가'였다. 최근 대형 마트들의 잇따른 제주 상륙으로 부자유통은 큰 위기에 처했다. 대기업 계열사에서 운영하는 대형 마트들은 엄청난 자금력을 동원해 대량구매를 해서 구매원가를 낮춘 다음 저가경쟁으로 손님들을 빼앗아 가고 있었다. 여기에 더해 하루가 멀다 하고 대대적인 이벤트까지 벌이는 중이었다. 그들은 많이 팔기 위해서는 싸게 팔아야 하고 싸게 팔기 위해서는 많이 팔아야 한다는 경영의 기본 원리를 충실하게 이행하고 있었다.

대형 마트를 따라 대규모 이벤트를 진행해야 하느냐를 두고 홍부자는 골머리를 앓고 있었다.

"다른 곳들의 현황은 어떤가?"

홍부자는 문대호 부장으로부터 회의 전에 제출받은 이벤트 현황 자료를 검토하면서 물었다.

"대형 마트에서는 매달 소비자가 관심을 갖는 주제와 상품을 선정하여 집중적인 이벤트를 펼치고 있습니다. 따라서 우리 부자유통도 이에 맞서는 이벤트를 열어야 한다는 게 제 생각입니다. 자료 뒷장을 보시면 월별로 가장 이슈가 될 만한 테마들을 뽑아서 정리해 봤는데요. 이달부터 다음 달 초까지는 졸업과 입학 시즌인 만큼 졸업생이나 신입생에게 꼭 필요한 상품 중심으로 대대적인 이벤트를 하는 게 좋을 것 같습니다."

"그럼 구체적으로 어떤 이벤트를 하겠다는 겁니까?"

잠자코 있던 박윤모 구매부장이 질문을 하며 나섰다. 문대호 부장은 박윤모 부장이 끼어드는 것 자체가 못마땅하다는 듯한 표정이었다. 박윤모 부장을 빤히 쳐다보는 문대호 부장의 입가가 보일 듯 말 듯 가늘게 실룩였다. 순간 홍 대리는 둘이 앙숙이라던 경희의 말을 떠올렸다.

"가격할인이나 사은품 증정의 형태가 되겠죠."

"또 영업을 위해 구매 쪽이 수고를 해라, 이거네요?"

박윤모 부장이 토를 달았지만 문대호 부장은 못 들은 척 자신의 말을 이어갔다.

"카드사와 연계해서 무이자 할부 이벤트를 하는 방법 도 있겠지만, 카드사에 지급해야 하는 수수료 부담도 있고 또 미리 카드사와 협의를 해야 하기 때문에 시간이 많이 걸린다는 단점도 있어서, 아무래도 무이자 할부 이벤트는 우리 같은 중소유통업체에서는 힘들다고 봅니다."

결국은 가격할인이나 증정품으로 가야 한다는 말에 홍 부자는 맛없는 걸 억지로 먹는 듯한 표정으로 홍 대리를 쳐다보았다. 가격할인을 하면 일시적으로 손님이 오긴 하 겠지만, 그런 손님들은 언제든 더 싸게 파는 곳이 생기면 떠나버릴 터였다. 경기침체로 가계의 주머니 사정이 좋지 않고 실업률도 높아져 실제로 상품을 구매하는 유효수요 는 줄고 있었다.

"낮에 마트에서 본 그 손님들도 증정품에 눈독을 들였 지?"

홍 대리는 오후에 홍부자와 함께 대형 마트의 전략을 살펴보러 갔다가 마주쳤던 손님들을 떠올렸다.

"네, 상품보다 오히려 증정품에 관심을 보이는 사람도

많았어요."

"그것 보세요. 그래서 증정품 이벤트를 하지 않을 수 없다는 거 아닙니까. 미끼 상품이 손해인 것 같아도 다른 제품들을 더 비싸게 받아 이익을 메꾸면 됩니다. 사람들은 자신이 관심 있는 제품만 놓고 가격을 비교하기 때문에 미끼 상품에 걸려 우리 매장에서 싸게 샀다고 믿게 되거든요."

문대호 부장은 자신이 사람들의 마음을 훤히 알고 있다는 듯이 당당하게 말했다.

"공짜로 준다는데 싫다 할 사람이 어디 있어요? 그럼, 손님이 반값에 파는 걸 좋아하면 그렇게 할 겁니까? 목돈 주고 구입해서 푼돈 받고 팔고 있으니 남는 게 없습니다. 모든 것이 다 올라서 실질적인 이익이 5퍼센트도 안 되기 때문에 더 이상 할인이나 증정 이벤트를 진행할 여력이 없습니다."

박윤모 부장은 감정이 섞인 어조로 강하게 반대 의견을 제시했다. 문대호 부장과 박윤모 부장은 서로 쏘아보며 팽팽한 기싸움을 펼쳤다. 긴장감이 고조된 살얼음 위에 살며시 발을 올려놓듯이 홍 대리가 조용히 입을 열었다.

"증정품에 큰 관심을 보인 아주머니가 있었어요. 그런데 그 아주머니는 증정품에 정신이 팔린 나머지 원래 사려고 했던 상품을 잘못 사버렸죠. 전 우리 부자유통이 그 고객과 같은 우를 범하게 되지 않을까 걱정이에요."

"그 고객과 같은 우를 범한다니? 그게 무슨 뜻이지?"

홍부자가 흥미롭다는 반응을 보였다.

"지금 우리는 상품을 팔기 위해 증정품을 주느냐 마느냐를 핵심 쟁점으로 다루고 있는데, 실제 우리가 초점을 둬야 할 것은 증정품이 아니라 원래 팔려고 하는 우리 상품이 아닌가 해서요. 진정한 장사꾼은 자신이 '팔아야' 하는 걸 팔 줄 알아야 한다고 생각하거든요."

이번엔 박윤모 부장이 홍 대리의 말에 천군만마라도 얻은 듯 기세가 등등해져 말했다.

"그렇죠! 제가 사장님께 드리고 싶었던 말씀이 바로 그겁니다! 무조건 할인을 크게 하거나 증정품을 주면 된다는 생각 자체가 맞지 않다는 거죠. 과거에 대형 마트에서 통큰 치킨을 내놓았다가 골목상권 침해라고 두들겨 맞고 일주일 만에 판매를 중단한 적도 있지 않았습니까."

그러자 문대호 부장이 답답하다는 듯 박윤모 부장과 홍대리를 번갈아 보며 따지고 들었다.

"박 부장도 참⋯⋯. 우리 회사를 재벌 대기업하고 비교하는 것은 적절치 않습니다. 우리 회사는 상품을 만드는 제조업을 하는 게 아니라 상품을 싸게 사서 많이 팔아야 돈을 버는 유통업을 하는 거예요. 싸게 판다는 것은 물가 안정에도 도움이 되는 일입니다. 소비자에게 조금이라도 저렴하게 판매하려는 노력으로 볼 수 있잖아요."

나이와 경력을 따질 때 홍 대리보다 한참 선배뻘인 문대호 부장은 지금까지 관행처럼 해왔던 증정품 이벤트에 홍 대리가 토를 달자 기분이 상했다. 그때 박윤모 부장이 잽싸게 다시 끼어들었다.

"답답하시긴. 홍 대리 얘기는 제조업같이 직접 만든다는 차원에서의 상품 얘기가 아니라 기본적으로 좋은 상품을 구입하는 게 유통업의 핵심이다, 이거예요. 상품을 파는 것보다는 구매에 더 신경을 써야 한다는 뜻인 거죠."

박윤모 부장은 구매부의 부서장답게 구매의 중요성을 강조하고 나섰다.

소신껏 제시한 자신의 의견이 문대호 부장과 박윤모 부장 편의대로 마구 해석되는 걸 보자 홍 대리는 기분이 언짢았다.

'낙하산이라고 욕할 땐 언제고 이젠 그 낙하산을 이용하시겠다?'

순간 지난번 부서장들끼리 쑥덕거리던 모습과 북경반

점에서 문대호 부장에게 당했던 일들이 스치더니 이제껏 억누르고 있던 홍 대리의 까칠한 성격이 터져 나오기 시작했다. 홍 대리는 문대호 부장과 박윤모 부장에게 번갈아 가며 자신의 의견을 또박또박, 분명하게 얘기했다.

"영업부에서는 어떻게 하면 증정품이나 가격할인으로 상품을 많이 팔아볼까 하는 생각만 하는 것 같은데요. 성밀 좋은 상품이라면 가격이 높아도 잘 팔리지 않을까요? 마케팅 대가 필립 코틀러도 '나의 기본적인 신념은 제품을 많이 판매하는 것이 아니라 판매 활동 없이도 잘 팔리는 상품을 창조하는 것'이라고 말했잖아요. 상품을 창조한다는 건 단순히 지금 구매부에서 하는 구매활동과는 다르다고 생각해요. 상품을 창조하는 게 중요하지 상품을 그저 싸게 사는 게 중요한 건 아니라는 말이죠."

인플레이션 시기에는 가격 전가가 가능한 독점력을 가진 브랜드를 가진 상품이 수익을 가져오는 법이다. 마케팅 책에서 읽었던 구절까지 인용하며 홍 대리가 언성을 높이자 사장실 안엔 적막이 감돌았다. 문대호 부장은 마케팅 대가 어쩌고 하는 말이 나오자 슬쩍 기가 죽었지만, 홍 대리 앞에서 말문이 막혀버렸다는 사실에 내심 약이 올랐다. 하지만 홍 대리가 언급한 얘기가 지금 이 회의와 어떤 상관이 있는지 감이 잘 잡히지 않았기 때문에 그저 씨근덕거리며 얼굴만 붉히고 있을 뿐이었다. 이는 박윤모 부장도 마찬가지였다. 정확한 내용은 모르겠지만 홍 대리가 구매부에 대해 안 좋은 말을 하고 있다는 것만큼은 확실해 보였던지라 어금니를 악물었다.

한편 어안이 벙벙해진 부시장들을 보며 스스로 고무된 홍 대리는 마케팅 책의 내용을 떠올리며 더욱 자신만만하게 이야기를 이어나갔다.

"많은 회사들이 고객과 주주에게 회사의 가치를 전달하는 데 실패하죠. 그 주된 이유는 회사가 자신의 핵심에서 너무나 멀리 떨어져 배회하기 때문이라고 생각해요. 우리가 항상 바쁘게 일하면서도 그에 비해 수익을 제대로 거두지 못하는 이유 역시 우리가 우리 회사의 핵심이 아닌 다른 곳에 집중하기 때문일 거고요."

홍부자는 흐뭇하게 딸의 얘기를 경청하면서 무언가 돌파구에 대한 안이 선 모양이라고 생각했다.

"홍 대리는 부자유통의 핵심이 뭐라고 생각하지?"

홍부자의 갑작스러운 질문에 홍 대리는 당황하지 않을 수 없었다. 단지 증정품이나 가격할인 이벤트만이 능사는 아니라는 생각이 들었고, 거기다 문대호 부장과 박윤모 부장에 대한 반발심이 더해져 무심결에 말을 뱉었을 뿐 아직 구체적인 대안까지는 파고들지 못했기 때문이다.

"그럼 지금 우리 부자유통이 처한 상황을 어떻게 해결하면 좋겠나?"

홍부자는 질문의 방향을 다시 해결책 쪽으로 돌렸다. 하지만 이번에도 홍 대리는 어떤 대답도 할 수가 없었다.

"실컷 얘기해 놓고는 막상 핵심이 뭔지도 모르고 해결책도 제시 못 하겠다는 건데, 문제를 제기할 때는 해결책도 함께 내놓아야죠. 해결책도 없이 일단 남이 하는 일은 무조건 비난하고 보자, 이런 식은 곤란합니다."

너 잘 만났다 하는 표정이 역력한 문대호 부장은 직접적으로 불만을 드러냈다. 이에 질세라 박윤모 부장도 한마디 거들었다.

"난 홍 대리가 우리 부자유통을 나름대로 잘 파악하고 있다고 생각했는데 이제 보니 아니네요. 구매부에선 '좋은 상품'을 가능한 한 '싸게' 구매하는 일을 하는 거예요. 상품 창조야 디자이너나 제조업자가 하는 거죠. 홍 대리는 유통업이 뭔지부터 다시 공부해야 할 것 같군요."

홍 대리는 쥐구멍에라도 들어가고 싶은 심정이었다. 홍부자의 질문에 대한 답변이 금방 떠오를 듯하면서도 명확하게 잡히지가 않으니 부서장들의 반격에 찍소리도 할 수 없었다.

"핵심이니 상품 창조니 다 일리 있는 얘기이긴 하지만 지금 당장 매출 감소가 눈에 보이는 마당이니 어쩌겠나. 이제껏 해왔던 것처럼 해야지."

홍부자는 결국 문대호 부장의 손을 들어주었다. 이에 문대호 부장은 물 만난 물고기처럼 좋아하며 자신의 생각들을 떠벌렸다.

"사장님, 일반 소비자의 경우는 별 문제가 없지만 B2B 거래의 경우엔 증정품과 할인 혜택에 좀 더 신경을 써줘야 합니다."

신규 거래처에 관한 얘기였다. 홍부자는 일전에 대형마트와 경쟁하기 위해서 가격경쟁에서 밀리는 B2C보다는 인적 네트워크가 중요하게 작용하는 B2B를 보강하라고 지시한 바 있었다. 그런데 B2B의 경우 거래를 트기 위해서는 초기에 많은 투자비용이 발생한다는 것이 문제였다.

"이번에 갔던 모모사를 두고 하는 말인가?"

"네, 다른 거래처의 경우엔 샘플이나 할인율을 매출 금액의 5퍼센트 내로 조정하면 됐는데, 모모사는 계속해서 샘플만 요청해 대고 있어서요. 워낙 규모가 큰 회사다 보니 요구사항을 안 들어주려야 안 들어줄 수가 없는 상황입니다. 일단 거래만 트면 수익이 보장될 테니까요."

"그렇다고 특정 거래처만 증정품이나 할인 혜택을 많이 주는 건 문제가 있지 않나요?"

박윤모 부장이 끼어들었지만 문대호 부장은 개의치 않고 하던 이야기를 이어갔다.

"물론 다른 거래처가 이 사실을 알면 문제가 되겠죠. 그래서 비공식적으로 재량껏 해줄 수밖에 없다는 겁니다. 또 다른 거래처들이 상관할 일은 아니죠. 자기들 돈으로 주는 것도 아니잖아요."

"거래처 문제만 있는 것은 아닙니다. 더 큰 문제는 한 번 주면 계속 줘야 하고, 또 받는 사람은 자꾸 더 달라고 한다는 거예요."

박윤모 부장이 홍부자의 눈치를 살피며 말끝을 흐리자 홍 대리가 다시 용기를 냈다.

"저도 구매부장님과 같은 생각이에요. 그런 거래처는 가격할인과 증정품을 계속해서 요구할 게 뻔해요. 요구 수준도 갈수록 높아질 거고요."

아까부터 홍 대리 쪽은 쳐다보지도 않던 문대호 부장이 벌컥 화를 내면서 자리를 박차고 일어섰다.

"홍 대리, 계속 그렇게 작정하고 태클만 걸겠다는 겁니까! 홍 대리 일은 회계부서에 있어요. 본분에나 충실하시죠. 실제 영업현장에 있는 사람은 나예요! 누군 아까운 증정품 무더기로 주고 싶겠어요? 영업 쪽은 이런 식으로 해요. 일을 잘 풀기 위한 장치라고요!"

문대호 부장의 대포 같은 목소리에 귀가 얼얼할 지경이었다. 목소리 큰 사람이 이긴다고 홍 대리는 결국 문대호 부장의 기세에 질려 입을 다물 수밖에 없었다. 가격할인이나 증정품 같은 공짜 마케팅이 회사의 세무 리스크를 높인다는 것에 대해서는 아무도 생각하지 않았고 생각하려고도 하지 않았다. 회의는 홍부자와 문대호 부장의 생각대로 움직였고 결론도 이미 나와 있었다. 이 회의에서 홍 대리가 얻은 건 머릿속의 생각과 실제 현실은 다르다는 사실을 재확인한 것뿐이었다. 유통업, 부자유통의 난국을 타개할 구체적인 해결 방안을 찾아야 한다는 숙제를 떠안고 홍 대리는 회의실을 나왔다.

내가 내면
소득세,
남이 내면
부가가치세

부자유통 본사에는 아침부터 가맹점 사장들이 몰려왔다. 홍부자는 대형 마트에 자신 소유의 마트를 매각하면서 기존에 입점해 있던 점포들에 대해선 제주도 각지에 작은 대리점을 내주는 식으로 처리했다. 그런데 점주들이 세무서로부터 날아온 안내문에 흥분해 회사로 항의 전화를 걸어왔고, 그 건에 대해 오늘 아침 회의를 하기로 한 것이다.

　　국세청이 지하경제 양성화 정책으로 탈세와의 전쟁을 선언하면서 현금거래를 이용한 탈세를 뿌리 뽑겠다고 칼을 꺼내 든 것이다. 코로나 시국을 겪으며 자영업자를 비롯한 서민들의 삶은 더욱 팍팍해졌다. 정부는 줄어드는 고용을 살리기 위해 지원금 안내책자만 100페이지에 달할 정도로 많은 고용 관련 지원금을 쏟아냈다. 복지재원이 확대되고 재정수요는 늘어나는데 세수 확보는 점점 어려워지고 있었다. 경기 불황에 기업들도 이익이 줄어들어 세수가 부족했고, 누군가는 이를 부담해야 했다.

한편으로 재정 적자로 빈 곳간을 채우기 위해 영세 사입장까시 세무조사를 벌이고 있었으니 국가로부터 지원을 받아도 말짱 도루묵이었다. 소득이 있는 곳에 세금이 있고, 소득이 늘어나면 세금이 늘어나니 세수가 부족하다면 국민들 주머니 사정 역시 나쁘다는 의미였다. 즉 경제 활성화보다 더 확실한 세수 증대 방안은 없지만, 정부는 전방위로 쥐어짜 세수 부족을 해결하고 있었기에 기업 활동성이 더 저해될 우려도 있었다. 결국 경기불황에도 국세는 역대 최대 규모로 늘어났고 정부 예측보다도 훨씬 더 많은 세금이 걷혔다.

기업은 이익이 많아지면 좋지만 국가의 세수는 많이 걷힌다고 해서 좋은 것은 아니다. 쓸 돈보다 무조건 많이 걷는다면 국민의 부담이 커지고 사용할 예산을 신중하게 세우지 않았다는 의미이기 때문이다. 경기가 좋을 때는 세금을 많이 거둬들여서 경기를 진정시키고, 경기가 안 좋을 때는 적게 거둬들여서 경기를 활성화시켜야 하는데, 정부는 이에 역행하는 행정을 펼치고 있었다.

야당과 시민단체는 부자들과 대기업에서 많이 벌었으니 더 내야 한다는 부자증세를 외치고, 정부와 여당은 투자와 소비감소를 우려해 부자증세에 반대하고 있었다.

결국 여당과 야당이 정치논리에 따라 싸우다가 서로의 의견을 빅딜하게 되고 그러면서 세법은 누더기가 되어갔다. 세금을 더 걷는 것보다 낭비 요소를 없애 정부의 씀씀이를 줄이는 것이 우선이었지만, 정치적으로 표를 얻기 위해 부자들에게 세금을 걷고 탈세를 일벌백계로 다스린다는 논리를 펼치는 것이었다. 코로나19로 크게 확대된 재정지출은 재정적자를 증가시켰고 정치인들은 돈 쓰는 공약을 쏟아내면서 막바지 돈풀기가 기승을 부렸다. 정치 논리가 경제를 잡아먹는 모습에서 재정지출의 구조조정은 더욱더 어려워 보였다. 세수풍년일 때나 세수절벽일 때나 나라살림은 적자를 면하지 못하고 있었다.

증세 없는 복지는 위선이었고, 이 때문에 실질적으로 세금을 늘리면서도 표를 의식해 증세를 증세라 하지 못하는 상황이었다.

그러나 탈세를 뿌리 뽑겠다면서 무작위로 보낸 안내문은 자영업자나 서민들에게까지 고지가 되었고, 가맹점주들은 안내문을 보고 당황스러운 마음을 감출 수 없었다. 지하 경제 양성화 정책에 부자들은 현금을 숨겼고, 가난한 사람들의 조세부담은 복지정책과 상충되는 양상을 띠었다.

홍부자의 지시에 따라 회의에 참석한 홍 대리는 무슨 영문인지 몰라 점주들의 눈치만 살피고 있었다.

"우리는 항상 합법적인 절세를 원할 뿐 탈세를 원하지 않습니다. 우리는 아무것도 모르니까 세무사님한테 다 맡긴 거 아닙니까?"

탈세를 원하지 않는다는 점주들의 말이 양 세무사의 귀로 들어왔다가 곧바로 반대쪽 귀로 흘러나갔다. 세금을 줄이겠다는 의도 자체가 탈세의 출발이라는 생각이 들었기 때문이다. 합법적으로 세금을 줄이는 것은 쉽지 않은 일이다. 점주들이 기대하는 세금은 탈세를 하지 않고서는 절대 맞출 수 없는 금액인데 점주들은 그것이 곧 능력이라고 말했다. 그저 세무사가 탈세해 준 금액을 보면서 절세라고 믿고 싶은 것뿐이었다. 그러고는 나중에 문제가 생기면 세무사의 책임으로 돌렸다.

"세금을 더 내고 싶어도 장사가 안되는 걸 어쩌라고요! 있지도 않은 현금매출을 일부러라도 만들어서 신고해야 된단 말입니까?"

과거에도 점주들이 모이면 서로 가맹점 규모는 누가 큰데 세금은 나보다 적게 낸다며 양 세무사에게 불평하곤 했다. 그때마다 양 세무사는 세금은 매출이 아니라 실질소득과 관련이 있다고 대답했지만, 점주들의 불평을 잠재울 수는 없었다.

실제로 매출이 아무리 많아도 비용이 많으면 소득이 줄어들어 세금이 적을 수 있지만, 점주들은 항상 회사 규모로 세금을 비교하는 바람에 설득하기가 쉽지 않았다. 다른 지점의 규모는 눈에 보이지만, 실제 소득과 비용에 대해서는 알 수 없기 때문이었다.

한 점주가 목에 핏대를 세우며 언성을 높였다. 양 세무사가 잠시 머뭇거리는 사이 다른 점주가 투덜거렸다.

"번 것도 없는데 허구한 날 세금만 내라니 이건 어디 장사를 할 수가 있어야지. 인건비에 은행이자까지 나가는 게 얼마나 많은지 자영업 사표라도 내고 싶다니까요."

"사표 내는 데도 돈 들어요. 요즘은 폐업비용만 2000만 원이 넘는대요. 돈 없으면 폐업도 못 한다니까요."

"그래도 사장님네는 직원이라도 있잖아요. 최저임금이 너무 올라서 얼마 전부터는 직원 없이 혼자 일하고 있어요.

어차피 알바 공고를 내도 오는 사람이 없지만⋯⋯."

"알바도 그렇지만, 음식값의 30퍼센트가 배달료로 나가는데 그러면 매출이 늘어도 남는 것이 없어요. 배달업체 배달료 인상에 대해 항의했더니 음식값을 더 올리라는 거예요. 다 어려운 상황에서 음식값을 어떻게 올리냐고요. 문 안 단고 버티는 게 목표예요."

"나는 상황 좀 좋아지면 오토바이부터 사려고요. 직접 배달하든지 아니면 아예 음식점 그만두고 배달을 해야겠어요."

"그래도 사장님네는 건물주라서 월세라도 안 나가잖아요. 매출의 반의 반이 임대료로 나가니까 우린 가게 월세 내면 남는 게 없어요."

다른 점주들도 '돈이 안 벌리는 걸 어쩌라는 거냐, 원재료 값이 너무 오르고 금리 인상에 대출과 이자 상환 압박이 커지자 매장 양도를 해야 할 판인데 세금은 이런 사정도 안 봐준다'며 불만을 토로했다.

"정부가 하는 일을 이해할 수가 없어요. 자영업자를 보호하기는커녕 방해만 하고 있는 것 같아요."

세금 걷는 기술은 거위 털 뽑기와도 같다. 거위의 고통을 최소화 하면서 털을 최대한 많이 뽑아내야 하는 것이다.

그러나 세수 확보에 총력을 기울이기로 한 정부는 거위가 아프든 말든 털을 다 뽑겠다며 덤벼들었고, 마른 수건 짜기 식의 세무조사로 자영업자들은 그 무게를 더욱 크게 실감하고 있었다.

국세가 당초 전망보다 수십조 원이 더 들어왔다는 뉴스에 국민들은 분노했다. 기업 매출이 예상보다 증가한 것은 좋은 일이지만 세금은 시장 예측을 통해서 필요한 만큼 걷는 것이 목적이어야 했다.

양 세무사는 방금 인건비와 이자를 거론한 점주를 빤히 쳐다보면서 이야기를 시작했다.

"사장님, 그 이자비용은 지금 살고 계시는 주택에 대한 대출이자가 아닙니까? 회사 운영자금을 대출받은 것이라면 그 이자도 비용 처리가 되겠지만, 회사와 관련 없는 이자라 세법에서 비용으로 인정하지 않는 겁니다. 그리고 인건비도 그렇죠. 사장님은 일전에 4대 보험 많이 나온다고 근로소득세도 신고하지 않겠다고 하지 않았습니까? 소득세 줄일 목적으로 비용 처리를 하시려면 근로소득세와 4대 보험부터 수정신고 하셔야죠. 거기다 이번에 세무서에서 안내문이 나온 건 소득세 때문이 아니라 부가가치세 때문이지 않습니까? 실제 번 것이 없으면 소득세는 없겠죠. 그래도 부가가치세는 내야 합니다."

번 것이 없으면 세금도 없다는 말을 할 때 양 세무사의 입에는 힘이 들어갔다. 이 말은 소득이 있다면 항상 세금이 있다는 원칙을 강조한 것이기도 했다.

"번 게 없는데 세금을 내야 한다니, 그게 말이 됩니까!"

양 세무사는 낮게 한숨을 내쉬다가 천천히 설명했다.

"소득세는 수입에서 비용을 뺀 순이익, 즉 소득에 대해 내는 세금이니까 소득이 있을 때만 세금을 냅니다. 하지만 부가가치세는 부가가치, 즉 매출에서 세금계산서에 찍힌 매입금을 차감한 금액의 10퍼센트를 내는 것이죠. 예를 들어 사장님들이 1000만 원어치 상품을 사다가 1500만 원에 파셨다면 500만 원의 부가가치를 창출한 겁니다. 그래서 부가가치인 500만 원의 10퍼센트인 50만 원을 부가가치세로 내셔야 하는 거고요. 만약 이때 인건비로 600만 원을 지출했다면, 사장님들은 부가가치로 생긴 500만 원에서 비용인 인건비 600만 원을 뺀 100만 원의 손해를 보신 게 됩니다. 하지만 인건비는 다른 회사로부터 매입 자료를 받는 게 아니기 때문에 매입이 아니죠. 그러니까 소득을 계산할 때는 빼주지만 부가가치세를 낼 때는 공제받지 못하는 항목입니다. 그러니 손해를 봤다면 소득세는 안 내는 게 맞지만 부가가치세는 내야 합니다."

양 세무사가 설명을 마치고 점주들을 둘러보았다. 그러나 그들은 그저 서로의 얼굴만 멀뚱멀뚱 쳐다볼 뿐 이해가 안 된다는 표정이었다. 홍 대리 역시 알 듯 모를 듯 머릿속에서 제대로 정리가 되지 않았다.

'인건비나 이자비용은 소득을 계산할 때는 차감되지만, 부가가치세에서는 혜택을 볼 수 없다?'

뭔가를 비용으로 지출하고도 세금 혜택을 볼 수 없다는 말이 아리송한 건 홍 대리나 점주들이나 마찬가지였다.

"저번에도 부가율을 올려서 신고했는데 이번에 또 이런 안내장이 나오니까 이상하지 않습니까? 뭔가 신고를 잘못한 거 아니에요?"

"맞아요. 전에도 한 번 이런 안내장이 왔었죠."

자료 폴더를 뒤적이던 양 세무사는 잠시 후 폴더에서 관련 서류들을 찾아냈다.

"이건 무슨 소린지 알아들을 수가 있어야지……."

점주들 사이에서 투덜대는 소리와 한숨 소리가 들려왔다.

홍 대리 역시 그들과 다르지 않았다. 최소한 무슨 말을 하고 있는지는 이해할 수 있어야 하는데 부가율이 뭐고 소득률은 뭔지 개념부터 막히고 있었다.

양 세무사는 이런 상황을 예상했는지 자료를 미리 준비해 와서 점주들에게 돌린 후 설명을 시작했다.

"나눠드린 샘플 신고서에는 3개월간의 원재료 매입액이 1억 원으로 되어 있고 매출액은 1억 2000만 원으로 적혀 있습니다. 이때 부가가치세는 매출액의 10퍼센트인 매출세액 1200만 원에서 원재료 매입액의 10퍼센트인 매입세액 1000만 원을 차감한 200만 원입니다. 그런데 세무서가 이 200만 원인 부가가치세를 가지고 매출액을 누락해서 신고하는 것으로 추정하게 됐고, 그래서 이런 안내문을 보내온 겁니다."

한 점주가 고개를 갸웃하다가 양 세무사를 향해 질문을 던졌다.

"아니, 이걸 보고 왜 그런 추정을 한단 말입니까?"

"여러 요소들이 있겠지만, 무엇보다 우선적으로 부가율이라는 걸 가지고 매출누락을 추정하죠. 이는 전국에 몇천 개가 있는 프랜차이즈 업체들이 각각 신고하는 매입 원재료 대비 매출액을 가지고 평균을 내보는 방법입니다. 원재료 매입액이 1억 원일 때 매출액을 1억 3000만 원으로 신고한 회사가 있다면 이 회사는 3000만 원의 부가가치를 창출한 겁니다. 이때 부가율은 부가가치를 매출액으로 나눈 것입니다."

모두들 진지한 얼굴로 양 세무사와 복사 자료를 번갈아 보면서 듣고 있었다.

"그런데 사장님들은 동종업체들의 평균 부가율보다 낮은 부가율로 신고했죠. 그랬기 때문에 세무서에서는 매출누락을 위해 부가율을 줄인 것으로 추측한 거고요. 여기 이게 세무서의 안내문입니다."

안내문의 내용은 양 세무사의 설명과 같았다. 가맹점들이 신고한 부가율이 평균 부가율보다 훨씬 낮은 수치이기 때문에 매출누락이 많다고 본다는 것이 안내문의 내용이었다.

"업종이 동일하고 돈 버는 프로세스가 비슷하다면 특별한 사유가 없는 한 부가율은 비슷하겠죠. 그런데 다른 회사보다 부가율이 낮다면 매출누락의 가능성이 높다고 볼 수 있지 않겠습니까?"

그때 홍 대리가 물었다.

"평균 부가율과 신고한 부가율이 다르다고 꼭 매출누락이라고 보는 것은 이해가 안 가는데요?"

회계 담당자가 그 정도도 모르냐는 듯 빤히 쳐다보는

양 세무사의 눈길을 슬쩍 피하며 홍 대리는 딴청을 부렸다. 다행히 점주들도 홍 대리의 질문에 공감하는 분위기였기 때문에 양 세무사는 입을 열어 설명하기 시작했다.

"가격을 덤핑하는 경우에도 부가율이 낮아질 수 있습니다. 매출누락을 하지 않더라도 판매단가가 낮아지면 그만큼 매입액 대비 마진은 적어지기 때문이죠. 또 폐기처분하거나 기부하는 상품이 많은 것도 특별한 사유에 해당될 수 있습니다. 상품을 많이 사 왔는데 판매하지 못하고 폐기했거나 기부했다면 이때도 매입액 대비 마진은 그만큼 줄어들 테니까요."

그 말을 듣고 점주 한 명이 하소연하는 투로 말했다.

"우리는 기부도 많이 했는데요."

양 세무사는 짜증난 듯 덧붙였다.

"사장님, 세금에는 상식이 통합니다. 3개월간 원재료 1억 원을 매입해 1억 2000만 원에 팔았다면 2000만 원을 번 건데 여기에서 인건비와 임차료, 공과금 등을 납부하면 상식적으로 뭐가 남습니까? 그런데도 회사를 계속 꾸려가고 있다는 건 결국 뭔가 숨기고 있다는 얘기 아니겠어요? 절대 운영될 수 없는 수익구조로 수년째 회사를 운영하고 있다면 틀림없이 실제 버는 것보다는 적게 신고하고 있다는 뜻일 테고요."

하소연하던 점주는 찔리는 구석이 있는 듯 슬쩍 고개를 돌리며 시선을 피했다. 실제로 국세청은 먼저 가맹점들의 POS 매출 자료를 확보하여 신고한 매출과 차이가 큰 곳에 수정 신고를 요구했기 때문에 점주들이 항변하기에는 한계가 있었다. 가맹점 점주들은 매출의 10퍼센트를 세금으로 내야 하는 부가가치세 부담 때문에 현금매출은 누락해서 신고하는 것이 관행처럼 굳어졌고, 이런 잘못된 관행이 부가가치세 탈세로 이어져 왔다.

"세무사님 말씀대로라면 저는 진짜 손해를 봤는데 왜 세금이 나왔습니까?"

얼마 전 새로 가맹점 등록을 한 사장님이었다. 그러나 양 세무사는 곧바로 반박했다.

"그건 사장님이 기장을 안 하셔서 나온 소득세입니다. 비용정리를 안 하니까 손해를 봤어도 장부에는 손실이 나오지 않는 거죠."

신규 사업자라서 수입도 얼마 안 되는데 세무사에게 맡길 필요가 있겠느냐며 신경을 쓰지 않은 것이 문제였다.

양 세무사의 얘기에 흥분해 있던 점주들은 일제히 꼬리를 내렸다. 그러다가 아까 자리를 박차고 일어났던 점주가 한결 나긋나긋해진 얼굴로 점주들의 입장을 대표하듯 말했다.

"사실 신고한 것보다야 많이 벌긴 하죠. 하지만 요즘 세상에 세금 다 내면 어떻게 장사합니까?"

점주들의 불만은 세무사에게서 정부에게로 옮겨졌다. 사실상 제대로 세금 내고 사업하는 사람이 바보라는 인식이 사회 저변에 자리 잡고 있었다. 특히 현금 거래를 통한 탈세가 만연해 있어서, 세금이 많이 나오면 담당 회계사는 무능한 사람으로 인식되고 고객으로부터도 철저히 외면당했다. 반면 현금매출누락이나 가공경비를 잡아서라도 세금만 줄여주면 유능한 세무사로 인정받는 것이 현실이었다.

가맹점 회의는 오전 내내 이어졌고, 결국 세무서에 매출을 약간 높여 부가율을 수정신고하는 쪽으로 가닥이 잡혔다. 그들이 양 세무사에게 요구하는 건 거의 똑같았다.

"세무사님께서 적당히 문제 안 될 정도로 매출을 추정해서 신고해 주세요."

점주들은 하나같이 세금을 아끼기 위해 어느 정도 매출누락을 원하고 있었다. 그리고 또 한 가지, 그들은 자신들이 내야 할 세금 액수에 집착하면서도 서로의 세금에 대해 말하기를 꺼려했다. 세금이 좀 더 많이 나오는 건 참을 수 있지만, 더 많이 버는 사람이 자신보다 세금을 적게 내는 건 절대 못 참는 것처럼 보였다.

사실 세금에서 가장 중요한 것은 공평성이다. 많이 버는 사람은 많이 내고 적게 버는 사람은 적게 내는 시스템이 잘 가동될 때 사람들은 공평하다고 생각한다. 그래서인지 그들은 각자의 세금에 대해서는 함구한 채 그저 부가율에 대한 이야기만 되풀이하고 있었다.

현장에서 발로 뛰며 취재하는 데 익숙하던 홍 대리에게는 첫 출근 이후 한 달 정도는 사무실을 지키는 것이 가장 고역이었다. 하지만 이젠 회사 일에 적응이 되어가는지 점심시간에도 책상에 앉아 있는 게 익숙해졌다.

같은 건물에 있어도 홍영호 회계사와 만나는 것은 쉬운 일이 아니었다. 그는 사업 영역을 제주에만 한정시키지 않고 전국에 진출해 있었기 때문인지 미리 약속을 잡지 않으면 만나기 어려웠다. 철저하게 계획적이었고, 그래서 더욱 자유로워 보였다.

준비한 것은 아니지만 홍 대리는 회사에 대한 고민사항을 마치 발표라도 하듯이 쏟아냈다. 오랜만에 홍영호 회계사를 만난 것에 대한 반가움을 드러내는 듯했다. 특히 박 부장, 문 부장과의 갈등과 양 세무사에 대한 불만이 봇물 터지듯 쏟아졌다. 오너 딸이라지만 현장에서 잔뼈가 굵은 박 부장과 문 부장 사이에서 자리를 잡지 못해 항상 불안한 홍 대리였다. 현장에 대해서 베테랑인 문 부장은 회계에는 무지했고, 박 부장은 지출관리에 대해 구식 사고방식을 갖고 있었다. 경희는 그들 사이에서 증빙만 챙길 뿐 세금을 절약할 방법을 고민하지도, 세금 리스크를 따져보지도 않았다. 모든 것이 알맹이 없이 붕 떠 있고 그 밑에서 뭐가 곪아 터질 것 같다는 불길한 예감이 밀려왔다.

　홍 대리는 홍 회계사에게 푸념을 늘어놓았다. 사실 이 모든 문화와 시스템은 홍부자의 작품이었고, 결국 홍부자가 변해야 바뀌는 것이었다. 그러나 홍부자의 성격을 바꾸기란 불가능하다는 데 생각이 미치자 절로 한숨이 나왔다.

　홍 대리는 푸념만 늘어놓은 것이 미안해 다른 곳으로 화제를 돌렸다. 이런저런 이야기를 나누던 중, 홍영호 회계사는 제주도 관광이나 상품에는 브랜드가 없어서 아쉽다는 말을 했다. 제주도 관광이나 상품에는 브랜드가 없기 때문에 가격경쟁을 할 수밖에 없는데 중국이나 동남아의 저가정책에 밀려 이마저도 어려울 수밖에 없다는 이야기였다.

그러던 중, 유독 홍 대리의 관심을 끄는 말이 나왔다. 바로 가격경쟁과 관련한 세금 문제였다.

"문제는 이런 저가정책이 세무 리스크까지 증가시킨다는 거예요."

"네? 저가정책이 세무 리스크를 높여요?"

싸게 파는 것이 세무 리스크와 관련이 있다고 하자 홍 대리는 토끼 눈으로 홍 회계사를 쳐다보았다.

"네. 홍 대리님 회사에서 유통하는 감귤의 마진율이 몇 퍼센트나 되죠?"

홍 대리는 잠시 머뭇거렸다. 매입단가와 판매단가는 알고 있었지만 실제 인건비나 감가상각비, 이자비용 같은 것들은 자세히 계산해 보지 않았기에 정확한 마진율을 말하기가 어려웠다. 이를 눈치챘는지 홍 회계사가 다시 물었다.

"부자유통에선 감귤 한 박스를 얼마에 매입하죠?"

"약간씩 차이가 있기는 하지만 박스당 1만 5000원은 해요."

"감귤주스 납품가요?"

"가공비 중 인건비가 많이 들어가기 때문에 최소 3만 원은 받아야 해요. 지금 대충 따져보니 인건비를 빼고 나면 마진율이 20퍼센트 수준밖에 안 될 것 같네요."

홍 대리는 이렇게 말하면서 며칠 전 프랜차이즈 점주들과 양 세무사가 나눴던 대화를 떠올렸다. 점주들은 번 것이 없다고 했지만 양 세무사는 번 것이 없어도 부가가치세는 내야 한다고 했다.

부가가치세는 기업이 창출한 부가가치의 10퍼센트를 내는 세금인 반면, 소득세는 벌어들인 소득의 일정 세율을 내는 세금으로 법인이 납부하는 '법인세'와 개인(개인회사 포함)이 납부하는 '소득세'로 구분된다. 부가가치는 매출액에서 매입액을 차감해서 계산하는데 이때 매입액은 세금계산서나 신용카드 결제 내역에 의해서 확인되는 매입액만 차감한다. 한편 소득세의 소득은 수입에서 비용을 차감하여 계산하는데, 비용은 세금계산서 등에 의해 확인되는 매입액 외에도 업무를 위해 사용한 비용도 모두 포함된다. 결국 '소득'은 부가가치에서 기타 비용을 추가로 차감하는 것이다. 그렇다면 점주들과 양 세무사는 각각 '소득'과 '부가가치'라는 서로 다른 마진에 대해 이야기하고 있었던 셈인 것이다. 그렇게 따지면 부자유통의 마진에도 두 가지가 있는 것으로 차근차근 따져보니 자연스레 부가가치와 소득의 개념이 정리됐다.

"동종업종에서도 그 정도의 마진이 나오겠죠?"

"네. 그럴 거예요."

"좋습니다. 3만 원에 팔아서 마진을 20퍼센트 남긴다고 했는데, 만약 홍 대리님 회사에서 상품을 10퍼센트 할인해서 2만 7000원에 판다면 어떻게 될까요?"

"이익이 3000원 줄어들겠죠."

"네, 맞습니다. 경쟁회사는 매출액의 20퍼센트에 상당하는 이익이 나오지만, 가격할인을 한 홍 대리님 회사는 10퍼센트 정도밖에 이익이 나오지 않죠. 소득세는 순이익(≒소득)을 기준으로 일정 세율만큼 부과되는 것이기 때문에 가격할인을 한 부자유통은 순이익이 절반으로 줄어든 만큼 세금 또한 다른 회사의 절반으로 줄어들겠죠."

"싸게 팔아서 마진이 적어졌으니까 세금도 적게 내는 게 맞겠죠."

홍 대리는 당연하다는 반응이었지만 홍 회계사는 고개를 저었다.

"물론 숫자 계산상으론 그렇겠죠. 하지만 세무당국 입장은 다릅니다. 동일한 업종의 두 회사가 매출은 동일한데

한 회사는 마진을 20퍼센트로 계산해 세금을 내고, 홍 대리님 회사는 10퍼센트만 마진이 남았다고 세금을 절반만 낸다면 어떤 생각이 들겠어요?"

홍 대리의 머릿속이 다시 복잡해졌다. 이때 홍 회계사가 힌트를 주듯 미소를 띠며 말했다.

"거기다 세무당국은 사람의 판단보다 프로그램에 의해 이루어지는 전산 시스템에 주로 의지하거든요. 전산 시스템을 이용하면 동종업종 비교도 아주 수월하게 할 수 있고요."

지난번 점주들과의 회의에서 문제가 된 낮은 부가율의 원인은 어쩌면 가격할인에 있었던 건지도 모른다. 다른 가맹점보다 마진폭을 줄여서 싸게 팔다 보니 매출 규모에 비해 마진은 줄어들 수밖에 없고, 국세청 전산망에는 매출누락으로 보였으리라.

"그러니까 마진율이 적다는 건 탈세 의혹을 받기 쉽다는 거군요?"

"네, 가격할인이 아무리 정당할지라도 외부인이나 세무당국이 볼 때는 매출누락 혐의를 받기 쉽죠. 그리고 일단 어느 회사든 세무조사를 받게 되면 생각지도 못했던 것들이 문제가 될 수 있기 때문에 그만큼 세무 리스크가 커진다고 볼 수 있어요. 세무당국에서 많이 사용하는 지표로는 '소득률'과 '부가율'을 들 수 있고요."

"소득률과 부가율이요?"

역시나 점주들과의 회의 때 논쟁이 되었던 사항이다.

"네. 소득률은 소득세를 얼마나 잘 냈는지를 추정하는 지표이고 부가율은 부가가치세를 얼마나 잘 냈는지 추정하는 지표죠. 매출액 대비 소득 규모와 부가가치 규모를 비율로 표시한 거니까 같은 업종의 다른 회사보다 소득률이나 부가율이 낮다는 건 고의적으로 가공비용을 높게 잡았거나 매출을 누락시킨 걸로 의심받을 소지가 많다는 겁니다."

"그러니까 이제까지의 얘기를 종합하자면 가격경쟁은 세무 리스크도 올리고 마진도 줄이기 때문에 피해야 하고, 가격경쟁을 하지 않기 위한 방법은 곧 브랜드 가치에 있다는 거네요?"

홍 대리의 말에 홍 회계사는 미소를 머금고 고개를 끄덕였다.

가격경쟁과 브랜드 가치의 연관성이 이제야 조금 이해되는 듯했다. 또한 소득률과 부가율 개념도 서서히 머릿속에서 정리되고 있었다. 그런데 며칠 전 점주들이 제기한 문제를 양 세무사가 어떻게 해결했는지가 떠올랐다. 분명 양 세무사는 매입세금계산서가 아닌 기타 비용을 가지고 소득세를 재조정했다. 그러니 소득률은 맞춰졌지만 부가율은 여전히 낮았고, 언제라도 세무서로부터 다시 부가율에 대한 문제를 지적당할 위험이 있었다.

이때 문득 홍 대리의 뇌리 속에 무언가가 번득이며 지나갔다. 부가율이나 소득률을 따지는 이유가 뭘까에 대한 해답이었다. 두 가지 모두 다른 회사와 비교를 하는 방법이다. 다른 회사보다 세금을 적게 내는 것을 막겠다는 의도가 있는 것이다. 그렇다면 세금은 공평함을 추구한다고 볼 수 있다. 누구나 소득이 있으면 공평하게 세금을 내야 하고, 이런 공평과세원칙에서 어긋나는 회사는 세무 리스크가 올라가는 것이다.

# 계약할 때
# 필요한
# 세금 상식

그렇잖아도 대기업 유통업체와의 경쟁으로 수익이 줄
어들고 있는 상황에서 유람선 사업 자금까지 충당해야 하
니 부자유통에도 서서히 자금난이 시작되었다.

"미수금 관리에 신경을 써야겠구나."

며칠 전 홍부자는 유람선 사업 때문에 출장을 가면서
홍 대리에게 미수금 문제를 짧게 언급했다.

'이젠 바닥까지 긁어야 할 정도로 상황이 나빠진 걸까?'

사실 홍 대리는 여태껏 매출에만 관심을 가졌을 뿐 미
수금 관리에는 그다지 신경 쓰지 않았다. 자금 관리는 홍부
자가 직접 했고, 특히 미수금 문제는 영업부 담당이었기 때
문에 때가 되면 받아 오겠지 하는 생각도 있었다. 어찌 됐

건 홍부자가 직접 미수금까지 언급하는 걸 봐선 상황이 꽤 심각한 모양이었다. 홍 대리는 이 모든 원인이 유람선 사업에 있다고 생각했다. 유통업에서 버는 족족 유람선 사업으로 들어가고 있으니 부자유통까지 늘 허덕이는 꼴이 되어버리지 않았는가.

일단 지시를 받은 이상 미수금은 가장 우선적으로 해결해야 할 과제가 됐다. 그런데 어이없고도 놀라운 사실이 있었으니 그건 다름 아닌 미수금 관리대장 자체가 없다는 것이었다.

"지금까지 대장도 만들지 않았단 말이야?"

홍 대리가 나무라는 투로 말하자 경희는 볼멘소리를 했다.

"영업부엔 판매일보도 있고, 어차피 대금 청구도 영업부 일이에요. 영업부 직원들은 매일 거래처를 돌아다니니까 거래처별로 미수금이 얼마 있는지 항상 파악하고 있어서 별도로 대장을 만들 필요가 없었거든요."

몇 번이고 영업부에 미수금에 대한 요청을 해보았지만 돌아오는 대답은 언제나 똑같았다.

"저희가 요즘 너무 바빠서요. 되도록 빨리 해드릴게요."

그러고는 수차례나 감감무소식이었다.

참다못한 홍 대리는 직접 영업부로 찾아갔다. 부서장인 문대호 부장과 한 판 벌일 심산이었는데 정작 입에서 튀어나온 말은 달랑 이것이었다.

"판매일보 좀 가져갈게요."

직원들 다 보는 앞에서 문대호 부장에게 업무협조에 대해 따지고 들었다가는 어떤 반응이 나올지 뻔했다.

"나이도 어린 게 사장 딸이라고 상사를 막 대하는군."

벌써 그런 수군거림이 귓가에 들리는 듯했다.

판매일보를 들고 영업부를 나오면서 홍 대리는 스스로 조직사회에 적응해 가고 있구나 하는 생각이 들면서도 어쩐지 다른 사람이 되어가는 건 아닌가 싶어 씁쓸한 마음이 들었다.

어쨌든 홍 대리는 직접 미수금 파악에 들어가기로 했다. 경희와 며칠 야근을 하면서 거래처별 미수금 대장을 만들었고, 영업부로부터 가져온 판매일보를 통장과 대조해 가며 입금 내역을 모두 기록했다. 판매일보 자체에 누락이 많았지만, 다른 근거 자료가 더 없는 상태라 어쩔 수 없었다.

미수금을 정리하면서 새롭게 알게 된 점은 서귀포리조트를 비롯해 몇몇의 주거래처 미수금이 수억 원에 달한다는 사실이었다. 특히 서귀포리조트는 부자유통의 가장 큰 고객인 만큼 A급 거래처로 대접받으며 언제나 가장 좋은 상품을 납품받고 있었다. 그런데도 상품대금은 거래 후 평균 6개월에서 1년 뒤에나 회수되는 경우가 많았고, 지금까지의 외상대금만 해도 2억 원이 넘었다. 부자유통 같은 중소기업에 2억 원은 두말할 나위 없이 아주 큰돈이었다.

홍부자의 책상 위에 정리된 미수금 리스트가 놓였다.

"지난 며칠 동안 밀린 미수금을 체크해 본 결과 몇몇 주거래처들의 미수금이 상당한 걸로 드러났어요. 특히 최대 고객인 서귀포리조트의 미수금은 2억 원이 넘고요."

홍부자는 무척 놀라는 표정이었다. 당장 서귀포리조트 영업 담당자인 문대호 부장을 불러들여 호통을 쳤다.

"서귀포리조트 미수금이 자그마치 2억 원이라네! 자네 대체 거래처 관리를 하는 건가, 마는 건가!"

잠자코 불퉁한 얼굴로 서 있던 문대호 부장이 낮게 한숨을 내쉬며 입을 뗐다.

"요즘 제주 경기 안 좋다는 거 사장님께서도 감안해 주셔야 합니다. 그래도 때 되면 조금씩 결제해 주니 다행이죠. 또 미수금이 꼭 나쁜 것만은 아닙니다. 미수금 때문에 고객들은 우리와 거래관계를 계속 유지할 수밖에 없으니 어느 정도 미수금은 끌고 가는 것이 전략입니다. 사실 회사가 자금 부족에 시달리는 건 유람선 사업 때문이 아닙니까?"

문대호 부장은 은근히 유람선 사업 때문에 자금 부족 문제가 생겼다는 사실을 꼬집었다. 문대호 부장이 그렇게 나오자 홍부자도 더 이상 강경하게 나갈 수가 없었다.

"미수금 2억 원의 원래 구입원가는 얼마 정도죠?"

잠자코 있는 아버지를 대신해 홍 대리가 물었다.

"원가에 20퍼센트 정도 마진을 책정해 거래한 거니까 구입원가는 1억 6000만 원 정도 될 겁니다."

"일을 해서 마진을 얻기는커녕 1억 6000만 원만 서귀포리조트를 위해 써버린 꼴이 됐네요."

문대호 부장은 분을 삭이듯 콧김을 내쉬며 홍 대리를 노려보았다. 가격할인과 이벤트 문제 때의 앙갚음으로 미수금 문제를 들춘다고 생각하는 모양이었다.

문대호 부장은 홍 대리를 쏘아보고 있었는데, 그 눈빛이 마치 '사장 딸이라고 유세 떨긴'이라고 말하는 듯했다.

"서귀포리조트는 우리 회사의 최대 고객입니다. 서귀포리조트 한 곳의 매출이 우리 회사 전체 매출의 10퍼센트를 넘습니다."

"그래도 2억 원은 너무 큰돈이잖아요. 미리미리 결제를 받았으면 이 정도로 미수금이 많아지진 않았을 거 아닙니까?"

가능한 한 회사 직원과 좋게 지내고 싶었지만 이번은 달랐다. 2억 원이란 돈이 걸려 있는 만큼 홍 대리도 물러서지 않겠다는 기세였다.

그때 홍부자가 무언가 결정을 내린 듯 말을 꺼냈다.

"영업부가 미수금까지 챙긴다는 게 어렵기는 하겠지. 그래, 앞으로 대금 청구와 미수금 관리는 회계부에서 맡도록 해라."

홍부자의 예상치 못한 지시에 홍 대리는 가슴이 꽉 막혀오는 것 같았다. 반면 문 부장의 입가에는 얇은 미소가 살며시 피어올랐다.

"전 서귀포리조트 직원도 잘 몰라요. 그런 제가 어떻게 미수금 독촉을 할 수 있겠어요?"

"그건 저희도 마찬가집니다."

문대호 부장은 이제 한껏 여유로운 표정이었다. 홍 대리는 그런 문대호 부장의 모습에 바짝 약이 올라 쏘아붙였다.

"어떻게 마찬가지예요? 영업부는 수시로 거래처에 드나드니까 담당자랑도 친할 테고, 그럼 대금 청구도 자연스럽게 할 수 있잖아요?"

"그거야말로 하나만 알고 둘은 모르는 소리죠. 친한 사이일수록 돈 얘기 하기가 더 힘든 거 몰라요? 거기다 앞으로 계속 거래해야 하는데 외상값 내놓으란 소리가 쉽게 나오나요? 그거 정말 난처한 일입니다."

"난처한 건 저도 마찬가지라고요. 자세한 미수금 내역도 모르는데 어떻게……"

이때 홍 대리의 말을 자르며 홍부자가 나섰다.

"문 부장 말이 일리가 있어. 지금까지는 영업부에서 대금 관리까지 신경 썼지만, 이제부턴 회계부에서 일괄 관리를 하는 게 더 효율적일 것 같구나."

"아버지! 아니, 사장님!"

홍 대리는 딸인 자신보다 문대호 부장의 손을 들어주는 홍부자가 내심 야속했다. 씩씩대며 두고 보라는 듯이 문대호 부장을 쏘아본 홍 대리는 사장실을 나오자마자 땅이 꺼져라 한숨을 내쉬었다. 미수금 독촉을 어떻게 해야 할지 그저 막막하기만 했다.

다음 날 출근하자마자 홍 대리는 서귀포리조트에 전화

를 걸었다. 그곳에 걸려 있는 미수금 중 절반만 들어와도 이번 달 회사 운영비는 충당할 수 있을 것 같았다.

"회계 담당자님 부탁합니다."

"네, 전데요."

전화를 받은 회계 담당자라는 남자는 무뚝뚝한 목소리로 짧게 끊어서 대답했다.

"부자유통인데요. 납품 대금 때문에 전화했습니다. 미수금이 2억 원이나 밀려 있는데 되도록 빨리 지급해 주셨으면 해서요."

그런데 수화기 저편에선 반응이 없었다. 수화기를 들고는 있는 건지 숨소리도 들리지 않았다. 간간이 서류 넘기는 소리만 들려왔다.

"여보세요? 여보세요?"

홍 대리가 그렇게 몇 번을 부른 후에야 그 목소리가 다시 나타났다.

"잘못 아신 거 아니에요? 2억 원은 아닌 것 같은데요."

확인 중이었으면 잠깐만 기다리라고 양해를 구했어야 하는 게 아닌가? 거래처를 대하는 서귀포리조트 담당자의 태도가 영 별로였으나, 돈을 받아내야 하는 입장에서 불평을 늘어놓을 순 없는지라 홍 대리는 완곡하게 재확인을 부탁했다. 미수금 2억 원은 영업부의 판매일보에 기록된 액수를 근거로 계산한 것이고, 또한 서귀포리조트 영업 담당자인 문대호 부장에게도 확인을 받았기 때문에 틀릴 리가 없었다.

한참 동안 전화기를 붙들고 건별로 확인한 결과 부수상품과 부가가치세 항목 때문에 부자유통과 서귀포리조트가 계산한 금액이 서로 일치하지 않는다는 사실이 확인되었다. 계약서에 부수상품에 대해 따로 명시되어 있지 않아서 확인할 방법도 없는 데다가 지금은 서귀포리조트가 '갑'이 되어 있는 상황이라 홍 대리는 어떻게 해야 할지 알 수 없었다.

몇 번의 전화 통화가 있은 후 귀찮아하는 빛이 역력한 목소리로 오히려 그쪽 담당자가 따지고 들었다.

"부자유통은 왜 그렇게 대금 청구일자도 항상 다르고 청구금액도 맞는 때가 별로 없어요?"

정곡을 찌르는 말이었다. 부자유통은 일정한 대금 회수 기준을 가지고 있지도 않았고, 고객에게 적절한 대금 청구 절차도 이루어지지 않고 있었다. 단지 물건을 납품할 때 납품목록을 가져다주고 돈이 들어올 때까지 기다리는 것이 미수금 관리의 전부였다.

"영업부에서 하던 대금 청구를 이번부터 제가 하게 돼서요. 예전에 어떻게 청구가 됐는지는 잘 모르겠네요."

"그럼 내용도 모르고 청구한다는 거예요?"

상대방은 베테랑답게 홍 대리를 옴짝달싹 못 하게 만들었다. 몇 번 더 전화를 했지만 결과는 언제나 똑같았다. 돈을 받아야 했기에 대놓고 화를 낼 수도 없고 그렇다고 지금까지의 문제를 확인할 방법도 없었다. 증빙서류라도 있으면 좋을 텐데 영업부에서는 관행적으로 구두계약으로 납품을 했기에 서류가 있을 리 만무했다.

문제는 부가가치세에도 있었다. 영업부에서는 습관적으로 계약금액에 부가가치세를 기록하지 않았다. 홍 대리는 계약서를 작성할 때 부가가치세를 별도로 해서 계약해야 한다는 내용의 공지를 영업부에 보냈고, 영업부 직원들에게 일일이 전화를 걸어 설명도 했다. 그러나 막상 작성된 계약서를 보면 부가가치세에 대한 별도의 언급이 없는 경우가 태반이었다. 서귀포리조트도 마찬가지였다. 계약금액이 1억 원이라 부가가치세 1000만 원을 포함해 1억 1000만 원을 청구하면 서귀포리조트에서는 계약금액과 다르다는 이유를 들어 지급을 보류해 버리는 것이었다.

"문 부장님, 부가가치세는 계약금액과 별도로 지급해

야 한다고 분명히 얘기하셨죠?"

홍 대리가 확인하듯 묻자 문대호 부장은 시큰둥한 반응을 보였다.

"우리는 면세잖아? 근데 왜 자꾸 부가가치세 얘기를 하는 거야?"

문대호 부장이 예전에 잘난 척하며 알려주었던 잘못된 세금 지식을 아직까지 고수하고 있다는 사실에 홍 대리는 한숨이 절로 나왔다. 세금계산서를 끊어야 할 때는 반드시 부가가치세를 별도로 한다는 조건으로 계약하라고 영업부에 주의를 주었건만, 문대호 부장은 귓등으로도 듣지 않은 것이다.

"제가 세금계산서와 계산서 차이를 설명하면서 부가가치세를 받아야 하는 경우에 대해서 몇 번이나 전화도 드리고 안내문도 보내드렸잖아요."

홍 대리가 다그치듯 언성을 높였다.

"그럼 계약서에 별 내용이 없더라도 부가가치세는 받아야 한다는 말이야?"

"무슨 말씀을 그렇게 불명확하게 하세요? 그러니까 서귀포리조트 쪽에서 문 부장님이 부가가치세 얘기 따로 안 했다면서 줄 수 없다고, 도리어 우리한테 따지는 거잖아요.

1000만 원이 적은 금액도 아니고……. 부가가치세에 대해서 정확히 하셨어야죠. 물론 계약서에도 확실히 기재하셨어야 했고요."

문대호 부장은 크게 심호흡을 하며 언성을 높였다.

"영업부는 영업 뛰는 부서인데 회계부에서 처리해야 될 세금 문제까지 일일이 신경 써야 돼?"

"부장님, 부가가치세는 회계부보다 계약서를 작성하는 영업부에서 더 잘 알아야 되는 거라고요. 회계부는 세금계산서를 정리하고 신고하는 곳이고요. 계약할 때 부가가치세 10퍼센트 더 받게끔 계약서만 작성하면 되는데 그게 그렇게 어려우세요? 유통업에서 10퍼센트 마진이면 얼마나 큰돈인지 아시잖아요. 계약할 때 조금만 신경 쓰면 챙길 수 있는 부가가치세를 계약서 다 쓰고 나서 받으려니까 이렇게 힘든 거잖아요!"

홍 대리는 또박또박 잘못을 지적하듯 설명을 이어갔다.

"만약 마진이 10퍼센트 정도인 계약에서 부가가치세를 못 받게 되면 그건 그야말로 손해 보는 장사가 된다고요. 부가가치세는 매입하는 회사로부터 받아서 세무서에 내야 하는 건데, 그걸 못 받으면 결국 판매대금의 10퍼센트가 세금으로 나가게 되고, 결과적으로 우린 헛고생만 하는 셈이라고요. 아시겠어요?"

잠자코 듣기만 하던 문대호 부장이 고개를 들고 홍 대리를 노려보았다.

"홍 대리, 지금 날 가르치려 드는 거야?"

낮지만 무겁고 싸늘한 기운이 감도는 목소리였다.

"세금에 대해서는 제가 더 잘 아니까 드리는 말씀이에요."

"아는 거 많아 좋겠군."

뒤늦게 홍 대리는 자신이 너무 흥분한 나머지 좀 지나치게 다그쳤음을 깨달았다. 문대호 부장은 금방이라도 무슨 일을 저지를 기세로 잔뜩 씩씩거리고 있었다. 그 표정에는 홍 대리가 사장 딸이라고 사장처럼 구는 것 아니냐는 불만이 서려 있었다. 아무리 실수를 좀 했더라도 자신이 엄연히 상급자이고 십수 년 동안 부자유통을 위해 일해온 사람이라고 말하는 듯했다.

그날 퇴근 무렵 문대호 부장은 사장실을 찾았다.

"자네, 이게 대체 뭔가?"

홍부자는 난감한 얼굴로 문대호 부장이 내민 봉투를 보다가 입을 열었다.

"제가 회사를 그만둬야 할 것 같습니다."

"아까 낮에 홍 대리랑 있었던 일 때문에 그러나?"

회계부는 비서실처럼 방문 하나를 사이에 두고 사장실과 맞붙어 있기 때문에 회계부에서 언쟁이 일어나면 사장실에서도 똑똑히 들렸다. 그래서 낮에 홍 대리와 문대호 부장이 말다툼한 일 역시 홍부자는 이미 알고 있었다.

"꼭 그것 때문은 아닙니다."

말은 그렇게 해도 사실 홍 대리와의 갈등이 가장 큰 이유인 것 같았다. 홍 대리가 부자유통을 다니면서부터 둘 사이에 줄곧 마찰이 있었다는 것을 홍부자도 모르지 않았다.

"문 부장도 시우 성격 잘 알잖소. 내가 마음이 약해서 애들을 잘못 키웠소. 들어야 할 때 떠들지요. 철부지 어린 애가 한 말이려니 하고 그냥 잊어버려요."

홍부자는 가능한 한 사직만큼은 말리고 싶었지만 문대호 부장은 결심을 굳힌 듯했다.

"홍 대리는 사장님 따님입니다. 사장님께서 그렇게 말씀하셔도 결국 팔은 안으로 굽기 마련이죠. 조카 같은 사람에게 이런 대접을 받으면서까지 회사를 다니고 싶지는 않습니다."

홍부자가 어르고 달래보았지만 문대호 부장의 결심을

막지는 못했다. 사직서를 제출하고 사장실을 나가는 문대호 부장의 뒷모습을 보면서 홍부자는 부자유통의 앞날이 걱정돼 길게 한숨을 내쉬었다.

"대체 너 왜 그러냐? 문 부장이 관두면 회사가 막대한 피해를 볼 텐데 어쩔 거야?"

아버지의 호통에 홍 대리는 울컥했다. 회사를 위해 애쓴 것뿐인데 이런 결과로 이어질 줄은 몰랐다.

"제 말이 조금 거칠었다는 건 인정해요. 하지만 단순히 상사이고 연장자라는 이유로 문 부장님이 제 말은 아예 들으려고도 하지 않는 건 문제라고 봐요. 지금 회사에 수천만 원의 손실이 발생한 상태이고, 앞으로 사안이 드러날 때마다 그 액수는 커질 거예요. 그런데도 잘못을 인정하기는커녕 저렇게 기득권만 내세우다니요. 저런 태도를 계속 묵인하면 회사는 점점 더 어려워질 거예요!"

고개를 빳빳하게 들고 말하는 홍 대리를 보며 홍부자는 한숨이 푹푹 나왔다. 도대체 저 고집을 어쩌나 싶었다. 요즘 들어 부쩍 맡은 바 업무에도 열심인 모습은 좋아 보이지만 회사 직원들과의 마찰은 수그러들 줄 몰랐다.

얼마 후 문대호 부장이 부자유통의 경쟁사인 제주물류

의 영업이사로 스카우트되었다는 소식이 전해졌다.

겉으로 티는 안 냈지만 이 사실에 홍 대리는 심한 충격을 받았다. 옳다고 생각한 자신의 행동이 이런 식으로 회사에 큰 피해를 주게 될지 몰랐다. 그렇잖아도 회사 안팎으로 자금난 때문에 힘든 상황이었다. 자기 때문에 이런 일이 벌어졌다는 생각에 자책감이 밀려왔다.

경영과
반대로 움직이는
세금

출하량이 급증해 가격이 폭락한 농산물과 상반되게 공산품은 최근 원자재 가격은 치솟아 인플레이션 우려를 낳고 있었다. 너무 많은 돈을 찍어내 초인플레이션이 닥치며 멸망한 로마의 사례처럼 인플레이션은 국가를 위태롭게 할 수도 있었다. 보이지 않는 세금이라고 불리는 인플레이션은 가난하고 소외된 사람들에게 특히 가혹하기 때문에 세상에서 가장 나쁜 세금으로도 유명하다.

　유통업계에서는 핵전쟁보다 더 위험한 것이 바로 인플레이션이었고 상황이 이렇다 보니 인플레이션 우려가 있는 자재 확보와 재고 관리는 유통업계의 최대 화두가 되었다.

아침부터 홍부자 주재하에 부서장급 회의가 열렸다.

"원자재값뿐 아니라 인건비와 금리까지 전방위적으로 뛰어 매출이 늘어도 남는 게 없습니다."

"올해 벌써 가격을 10퍼센트나 올렸는데 5퍼센트를 또 올려야 한단 말인가요?"

문대호 부장을 대신하고 있는 새로운 영업부장이 가격 인상 조치에 놀란 반응을 보였다.

"엔데믹 이후 오랜만에 마트에 온 손님들이 일상은 되찾았는데 물가를 보니 세상이 바뀐 것 같다는 말을 합니다."

"가격을 올리거나 폐업을 하거나 둘 중 하나는 결단을 내려야 할 정도입니다."

구매부장인 박윤모 부장은 관련 자료와 함께 현재의 인플레이션이 아주 심각한 상황이라고 설명했다.

"원자재 가격이 폭등할 거란 전망인가?"

"네, 그렇습니다."

박윤모 부장은 홍부자의 물음에 짧게 답하고는 고개를 끄덕일 뿐이었다. 웬만한 일이면 쉴 새 없이 말을 늘어놓는 박윤모 부장도 워낙 심각한 상황인지라 이번만큼은 말을 삼갔다.

홍부자는 눈을 감은 채 깊은 상념에 빠졌고, 부서장들

은 옆 사람과 속닥거리며 의견을 나누고 있었다. 그리고 한참 후에 박윤모 구매부장이 말문을 열었다.

"원자재 가격이 올라 인플레이션이 우려된다면 재고를 많이 확보해 두는 게 좋을 것 같습니다."

유통업이란 쌀 때 사서 비쌀 때 팔아야 하는 것이므로 가격변동에 민감했다. 당연히 원자재 가격 변동은 중요한 사안이었다. 원가가 올라가면 상품 가격을 높여야 하기 때문이다. 따라서 향후 원자재 가격이 많이 올라갈 것으로 예상되면 미리 재고를 확보해 두는 게 상책이었다.

그때 새로운 영업부장이 조심스럽게 반대 의견을 제시했다.

"재고를 확보할 경우 다 팔리면 좋겠지만 다 팔리지 않는다면 문제가 커집니다. 시간이 갈수록 할인해서 팔아야 하는 상품들이 생길 테고, 장기적으로 본다면 그건 회사의 가치를 깎아내릴 수도 있다고 봅니다."

무조건 재고를 확보하는 게 능사는 아니라는 영업부장의 의견에도 일리가 있었다. 유통업에서 재고 확보가 중요하긴 하지만, 재고자산이 많아지면 그만큼 현금이 재고에 묶이게 된다. 게다가 시간이 갈수록 재고는 제값을 받기 힘들어져 덤핑을 해야 하는 상황도 생길 수 있다.

"홍 대리 의견은 어떤가?"

잠시 생각하던 홍부자가 홍 대리 쪽으로 시선을 돌리며 물었다.

"영업부장님의 말씀에 일단 동의합니다. 재고를 많이 확보했다가 상품을 못 팔아 나중에 가격할인을 해야 할 경우도 생길 수 있고……. 더욱 큰 문제는 한번 가격을 내리면 계속해서 할인을 해야 한다는 겁니다. 그러다 보면 연중 할인 이벤트를 해야 하는 상황에까지 이를 수 있고, 결국엔 부자유통이라는 브랜드 가치에도 심각한 문제가 초래될 수 있다고 봅니다."

홍부자 이하 회의에 참석한 부서장들은 잠자코 홍 대리의 말을 듣고 있었다.

"요점은 가격할인이 상품이나 서비스의 가치를 낮출 수 있다는 거예요. 따라서 수익성을 악화시킬 수도 있는 위험을 감수하고 단순히 상품을 많이 구매하는 것보다는 우리 회사의 가치를 높이기 위해 상품이나 서비스에 맞는 명품 가격정책에 역점을 두어야 한다고 생각합니다."

홍 대리는 예전에 홍 회계사와 명품 브랜드 가치에 대해 나누었던 대화를 떠올리며, 일관성 있는 신뢰에 바탕을 둔 명품 가격정책을 주장했다. 인플레이션을 우려해 재고를 확보해 둔다면 인플레이션으로 인한 원가상승 부담은 줄일 수 있겠지만, 늘어난 재고가 다 처분되지 않을 경우 유행이 지난 저품질의 재고자산이 유통될 수밖에 없고, 결국엔 고객의 신뢰도 잃게 될 거라는 의견이었다.

"명품 가격정책에 역점을 둬야 한다는 말은, 결국 상품 구매는 더 이상 중요하지 않다 이건가요?"

박윤모 부장이 구매부의 입장을 대변하듯 홍 대리를 빤히 쳐다보았다. 예상치 못한 일이었다. 가격할인에 반대한다는 점에서 박윤모 부장도 같은 생각일 거라고 여겼는데, 상품 구매보다는 명품 가격정책이 중요하다는 말이 심기를 건드렸던 모양이다.

"꼭 그런 뜻으로 말씀드린 것은 아니고요. 상품 구매보다는……."

홍 대리의 얘기를 자르며 박윤모 부장이 흥분한 어조로 나섰다.

"홍 대리는 현장에서 일하지 않고 계산기만 두드려서 그런지 생각이 아주 이상적이네요. 매번 그런 식으로 다른 부서 일을 쉽게 쉽게 말하면 듣는 사람은 어떤 생각이 들겠어요?"

날카로운 지적에 홍 대리는 속이 쓰려왔다. 기자 시절

에는 후배들 앞에서 '현장에 답이 있다'는 말을 입에 달고 살았지만, 정작 지금의 현실에서는 자신도 현장을 잘 모르는 것 같았기 때문이다.

박윤모 부장의 눈빛엔 홍 대리에 대한 반감이 역력했다. 구구절절 다시 이야기를 한다면 구매부와의 충돌은 불보듯 뻔한 일이었다. 홍 대리는 가능한 한 부서장들과의 갈등은 피하고 싶었다. 문대호 부장이 회사를 나가면서 회사 직원과의 갈등이 회사 수익에도 악영향을 미칠 수 있다는 걸 깨달았기 때문이다. 홍 대리는 재빨리 해결 방안 쪽으로 화제를 돌렸다.

"가격할인보다는 사회복지단체에 기부하는 것이 훨씬 낫지 않을까요?"

유통하고 남는 재고를 할인해서 판매하는 대신에 기부하자는 제안이었다.

"공개적으로 기부를 하면 지역사회에 소문나는 건 순식간일 테고, 그렇게 되면 우리 부자유통의 브랜드 가치가 높아질 뿐 아니라 경쟁회사까지도 가격할인보다 기부 쪽으로 관심을 돌리게 할 수 있을 테니까 지역사회에 더 큰 도움을 줄 거예요. 또 기부금 영수증을 받아놓으면 많은 부분이 비용으로 인정돼서 세금절감 효과도 가져오거든요."

며칠 전 책에서 사회복지단체에 기부하면 세금절감 효과가 있다는 내용을 읽었던지라 관련 내용을 응용해 가격할인 대신 사회복지단체 기부의 타당성을 주장했다. 영업부는 영업 실적과 관련 없는 방안이었기에 별다른 반발이 없었다. 상품 구매와 관련된 문제도 아니었던 만큼 박윤모 부장 역시 아까보다는 한층 누그러진 기색이었다. 하지만 박윤모 부장은 여전히 구매부의 중요성을 강조했다.

"하지만 기부로 모든 문제가 해결되진 않죠. 무한정 기부하다간 오히려 회사 경영을 악화시킬 수도 있으니까요. 최대한 팔다가 남는 상품을 기부할 수는 있지만, 세금을 줄이기 위해 기부할 재고를 많이 확보하는 것은 주객이 전도된 일 아닌가요? 그래서 재고 관리가 중요하고, 그래서 구매부의 역할이 중요하다 이겁니다."

박윤모 부장의 말처럼 재고 관리 문제는 쉽지 않은 사안이었다. 또한 세금 문제가 재고에서 가장 많이 발생한다는 사실을 알기에 재고 관리는 홍 대리에겐 좀처럼 풀리지 않는 숙제였다.

"얘기를 들어보니, 1+1 할인판매나 증정품 같은 불필요한 판촉은 하지 않는 것으로 하고, 인플레이션에 대비해 원가가 더 오르기 전에 대량구매를 해놓는 게 좋겠네. 구매부에서 책임지고 물량을 확보해 두게."

　대량구매로 인해 뭔가 큰 문제가 생길 것만 같아 홍 대리는 두려움이 앞섰지만 홍부자는 인플레이션이 우려되는 시기에 되도록이면 값도 싸고 상품도 장기간 납품받을 수 있는 거래처를 알아보라고 박윤모 부장에게 출장 지시를 내렸다. 홍 내리에게도 이번 출장에 동행하라는 지시가 내려왔다.

　"네가 박 부장과 함께 출장을 가서 대량으로 구입할 수 있는 물량을 알아봐라."

　"박 부장님이랑 같이 출장을 가라고요?"

　홍 대리가 껄끄러운 듯 가늘게 눈을 뜨며 되묻자 홍부자의 얼굴에 어두운 기색이 스쳤다.

　"박 부장에 대해 안 좋은 소문이 있어서 말이다. 난 박 부장을 믿지만 열 길 물속은 알아도 한 길 사람 속은 모른다잖니. 너랑 같이 보내면 내가 좀 안심할 수 있을 것 같구나."

　안 좋은 소문이란 아마 박윤모 부장이 거래처로부터 리베이트를 받고 있다는 이야기일 것이다. 꼼꼼한 박윤모 부장의 평소 성격에 비춰보아 그럴 리 없다고 여겼는데 이렇게 아버지까지 언급하고 나오는 걸 보면 아주 뜬소문은 아닐 수도 있겠다는 생각이 들었다. 홍부자는 박윤모 부장의 출장에 홍 대리를 동행시킴으로써 혹시나 있을지 모르는 불상사를 방지하고 싶었던 것이다.

　박윤모 부장은 몇 곳의 납품업체를 방문할 때마다 그곳 사장들로부터 극진한 대접을 받았다. 이미 전부터 거래하던 곳이라 자연스레 친분이 있기도 하겠지만, 상품을 납품하려는 업체 입장에서는 박윤모 부장의 말 한마디에 따라 납품 물량이 결정되기 때문에 굽실거릴 수밖에 없는 듯했다.

　"이번엔 구매 물량이 많이 늘어날 것 같네요. 공산품까지 유통하기로 했으니까 앞으로 거래도 자연적으로 많아질 테고요."

　박윤모 부장은 한 납품업체 사장에게 긍정적인 멘트를 날렸다. 평소 회사에서 보던 박윤모 부장의 모습과는 사뭇 달라 딴사람을 보는 듯한 착각마저 들 정도였다.

　"그렇게 되면 저희야 고맙죠."

　납품업체 사장은 기다렸다는 듯 준비해 둔 견적서를 보여주더니 설명을 시작했다.

　"이번 단가는 저희 입장에서 최대한 낮출 수 있는 가격으로 잡았습니다. 부장님께서 전화로 말씀하신 주문량이 이번 주만 1000박스죠? 한 박스당 1만 원이니까 계약금액은 1000만 원이 되겠네요."

이미 팩스로 받아 봤던지라 가격에 대한 문제는 없었다.

"세금계산서는 후에 메일로 보내실 건가요?"

계약서를 건네받으면서 홍 대리가 납품업체 사장에게 물었다.

"세금계산서라뇨?"

눈을 동그랗게 뜨는 납품업체 사장을 보면서 홍 대리는 뭔가 어긋나 있다는 느낌을 받았다.

"저희 쪽에서 돈이 나가니까 당연히 세금계산서를 받아야죠."

홍 대리의 설명에 전혀 몰랐던 내용이라는 듯 고개를 갸웃하던 납품업체 사장은 이윽고 회계직원을 불러 뭔가 이야기를 나누더니 자신의 입장을 밝혔다.

"세금계산서를 발행해 드릴 순 있지만, 그럼 부가가치세를 별도로 주셔야 합니다."

"무슨 말입니까? 부가가치세를 달라뇨?"

박윤모 부장이 난색을 표했지만 납품업체 사장도 어쩔 수 없는 모양이었다.

"저희 쪽에선 1000만 원 매출이지만 세금계산서를 끊어주면 자료가 뜨기 때문에 매출신고를 해야 하거든요. 최대한 가격을 낮춘 만큼 저희 마진이 얼마 되지 않아서 부가가치세를 내고 나면 남는 게 없어요."

계약금액 1000만 원에 부가가치세가 포함된 걸로 알았던 홍 대리는 당황하지 않을 수 없었다.

"어떻게 된 거죠? 부가가치세 얘기 따로 안 하셨어요?"

따지듯 물었지만 박윤모 부장은 난처한 표정을 지을 뿐이었다.

"여기까지 와서 부가가치세 때문에 거래를 안 한다는 것도 좀 그렇지 않겠어요? 부가가치세 100만 원이야 나중에 환급받을 테니까 실질적으로 회사에서 부담할 금액은 아니고……."

박윤모 부장은 홍 대리의 눈치를 살피며 말끝을 흐렸다.

"환급을 받더라도 그 100만 원만큼 수익이 줄어드는 건 마찬가지잖아요. 계약금액에 부가가치세가 포함된다고 얘기했으면 이렇게 갑작스레 100만 원이 부담되지도 않았을 테고요."

"홍 대리가 잘 몰라서 그러는데, 이렇게 낮은 단가로 납품받기 힘들어요. 여기까지 와서 다른 거래처 찾는다는 것도 말이 안 되고요."

　박윤모 부장은 은근히 그 납품처와의 거래를 고집하는 듯했다. 하긴 박윤모 부장 말마따나 지금 와서 다른 업체를 알아보기에는 시간도 촉박했다. 그럼에도 홍 대리는 계속 꺼림칙한 기분이 들었다. 부가가치세도 그렇지만, 박윤모 부장은 애초 다른 업체로부터 온 견적들은 거의 형식적으로 받을 뿐 업체를 미리 정해놓고 있는 듯했다. 더욱이 납품업체 사장의 얘기로 미루어 짐작건대 그 업체가 지금까지 부자유통에 납품한 거래에 대해선 상당 부분 자료를 노출시키지 않았다는 사실을 알 수 있었다. 거래처 사장은 세금을 줄이기 위해서는 무슨 일이든 다 할 것 같았다.

　'정당한 거래라면 왜 자꾸 저렇게 숨기려 들까?'

　홍 대리는 찜찜한 기분으로 고개를 갸웃거렸다.

　다행히 원자재 가격이 오르기 전에 물량을 어느 정도 확보할 수는 있었지만, 역시 문제는 판매였다. 인플레이션에 대한 부담 때문인지 거래처에서 매입 물량을 줄여버려 부자유통의 매출은 오히려 감소하고 있는 추세였다. 엎친 데 덮친 격으로 세무서에서 연락이 왔다. 공산품 도소매 부분에서 매입으로 재고량을 늘리다 보니 갑작스레 매입자료가 너무 많아졌고, 특히 연말에 공산품 사업부를 신설해 다른 회사의 공산품 도소매 부분을 인수했던 일이 문제가 되었던 것이다. 연말 부가가치세를 신고할 때 이제껏 환급 없이 꾸준히 내기만 했는데 올해에는 매입자료가 너무 많아져서인지 부가가치세를 환급받는 일까지 발생했다. 부가가치세를 환급받는다며 마냥 좋아하던 홍 대리는 곧 당황할 수밖에 없었다. 부가가치세 환급이 많으면 환급조사가 나온다는 사실을 몰랐던 것이다.

재고수불부를 꼼꼼히 검토하던 조사관은 매입현황 외에도 통장상의 지급 내역을 일일이 대조해 가면서 실질적인 매입이 이루어졌는지를 검토했다. 그러다 조사는 곧 의외의 방향으로 틀어지기 시작했다.

"홍 대리님, 이 세금계산서는 어디서 받으신 거죠?"

조사관은 골라낸 세금계산서 수십 장을 홍 대리에게 건네면서 물었다. 세금계산서들을 살펴보니 모두 지난번 박윤모 부장과 함께 방문했던 납품업체 쪽에서 발행한 것들이었다.

"저희 거래처인데요. 무슨 문제라도 있나요?"

조사관은 미리 준비해 온 자료를 보여주면서 설명했다.

"사실 부가가치세 환급조사도 있었지만, 이 세금계산서 때문에 재고수불부와 현장 확인을 좀 더 강화했던 겁니다. 부자유통에서 상품을 납품받는 몇 곳의 거래처에 문제가 있었거든요. 10억 원 정도의 세금계산서가 발행된 상대방 회사가 가공의 회사네요."

홍 대리는 가공 회사와의 거래라는 말을 이해할 수가 없었다.

"유령 회사라니. 말도 안 돼요. 구매부장님과 직접 얘기해 보시면 더 자세히 알 수 있겠지만, 저도 이 업체에 직접 가봤거든요. 분명히 실제로 사업을 하는 곳이었다고요."

그때 사무실 문을 열며 박윤모 부장이 들어왔다. 홍 대리는 구원투수라도 만난 듯 세금계산서를 박윤모 부장에게 보여주었다.

"부장님, 이 세금계산서를 발행한 곳이 가공의 회사라는데요."

박윤모 부장도 세금계산서를 보면서 이상하다는 듯이 고개를 갸웃거렸다.

조사관은 예상이 된다는 투로 말했다.

"그 거래처가 사업자등록증을 여러 개 갖고 있었던 모

양이에요. 매출실적을 올리려는 욕심에 가공매출 세금계산서를 끊어주었던 거고요. 국세청 홈택스에서도 사업자등록번호의 진위 여부를 확인할 수 있습니다."

박 부장은 계속 거래해 온 업체가 발행한 세금계산서인 만큼 문제가 있으리라고는 꿈에도 생각지 못했다.

"그럼 이번에 환급될 예정이었던 부가가치세는 어떻게 되나요?"

홍 대리가 설마 하는 심정으로 조사관에게 물었다. 그러나 돌아오는 대답은 냉혹했다.

"환급은 받을 수 없습니다. 그뿐만 아니라 예전에 공제받았던 세금도 다시 추징할 거고요. 부당하게 매입세액 공제를 받은 점에 대한 가산세까지 함께 고지될 겁니다."

사실 통장상으로 매입자금이 지출된 게 확인되었고 계약서로 보나 재고수불부로 보나 부가가치세를 지급하고 매입한 사실이 확실한데도 매입세액 공제를 해주지 않는다니 이해가 가지 않았다.

하지만 조사관의 입장은 단호했다.

"부가가치세를 공제받으려면 우선 세금계산서가 법에 맞게 작성되어야 합니다. 세금계산서는 거래한 곳에서 거래한 금액대로 받아야 합니다. 세금계산서를 떡 나눠주듯이 주고받으면 안 된다는 것이죠. 부자유통에서 받은 세금계산서가 정당하지 않은 만큼 환급을 해드릴 수는 없습니다. 매입세금계산서가 가공이라면 소득세 경비도 당연히 가공일 수밖에 없어 소득세에 대해서도 과세예고통지가 갈 겁니다."

조사관은 면세매출과 관련해서 매입한 것은 원래 공제받을 수 없는데 회계부서가 실수해서 공제받은 것도 있다고 지적했다. 면세는 매출세액을 면제해 주는 것이기 때문에 매입세액도 공제하지 않는 것이었다. 실수로 간주해서 수정신고로 마무리하지만, 자료상과 거래한 것은 문제가 심각하다고 말할 때는 조사관 특유의 위압감을 드러냈다.

"자료상과의 거래가 사기나 부정행위로 간주될 경우 제척기간을 10년 적용하여 조사대상 기간이 늘어날 수도 있습니다."

최근 세무조사는 한 회사만 조사하는 게 아니라 그 거래처까지 조사하는 경향이 있다. 세금상 문제가 있는 회사와 거래하는 회사도 뭔가 문제가 있을 거라는 가정에서 그렇게 하는 것이다.

온갖 서류 뭉치와 장부들이 어질러진 책상을 보며 홍대리는 울고 싶은 기분이 들었다. 온몸에 힘이 빠지고 머릿속은 텅 비어가는데 뇌리 한쪽에서 언젠가 느껴본 것 같은 꺼림칙한 기분이 되살아났다. 바로 박윤모 부장과 매입처를 방문했을 때 그곳 사장을 보고 느꼈던 그 기분이었다. 그게 바로 불길한 예감이었다는 걸 깨닫자 홍 대리는 화들짝 놀랐다. 당시 박윤모 부장의 태도에도 뭔가 미심쩍은 부분이 있었지만 더 따지고 들 수 없어 묻어버렸다가 이렇게 일이 커진 것이다.

이번 환급조사는 소문으로만 떠돌던 리베이트 문제를 수면 위로 떠오르게 하는 계기가 됐다.

박윤모 부장은 리베이트를 받았다는 사실을 홍부자 앞에서 실토했다. 눈가가 붉어진 박윤모 부장을 보며 홍부자는 착잡한 심정이 되었다. 박윤모 부장에게는 징계조치가 내려졌다. 아울러 전 구매처를 다시 한번 점검하고 믿을 만한 회사인지 신용도를 조사하라는 지침이 내려졌다.

홍 대리는 사안에 비해 처벌이 너무 가볍지 않나 생각했다. 하지만 문대호 부장의 사직 이후로 회사의 수익이 감소하는 상황인지라 박윤모 부장까지 없어지면 부자유통으로선 업무 마비까지 올 수 있는 만큼 어쩔 수 없다고 여길 수밖에 없었다.

'납세자'의 정의

: 연방 정부에서 일하지만

공무원 시험을 볼 필요가 없는 사람.

– 로널드 레이건

세무조사를
받게 되는
이유

홍 대리는 오랜만에 홍 회계사를 찾았다.

"환급조사 나왔었다면서요?"

"네. 그런데 그럼 담당 세무사가 와줘야 하는 거 아닌가
요?"

홍 대리는 환급조사를 받는 내내 출장 간 양 세무사로
부터 전화 한 통 받지 못했다는 사실에 분개하고 있었다.

"세무서에서 특별히 지적한 사항이 있었나요?"

홍 회계사는 같은 업종 일을 하는 사람이어선지 양 세
무사에 대한 언급은 가능한 한 피하면서 화제를 돌렸다. 그
렇잖아도 이것저것 궁금한 것들이 많았던 홍 대리는 마침
잘됐다고 생각했다.

"조사관이 여러 사항을 지적하긴 했는데, 이해가 안 되는 부분도 많았어요."

"뭔데요?"

"연말에 저희가 재고를 많이 매입했거든요. 그게 환급 조사를 받게 된 주원인 중 하나라는 거예요."

홍 내리는 연말에 회사에서 재고를 많이 매입할 수밖에 없었던 이유와 갑작스레 늘어난 재고를 처분하는 문제로 고민이 많다는 이야기도 했다.

"세금을 탈세하려는 의도는 전혀 없었거든요. 인플레이션 우려 때문에 원가절감 목적에서 조금 사재기를 한 것뿐인데 그런 것도 세무상 문제가 될 수 있나요?"

듣고만 있던 홍 회계사가 입을 열었다.

"세금은 절세도 중요하지만 세무 리스크를 관리하는 게 더욱 중요합니다."

"네, 전에도 여러 번 강조하셨잖아요. 그런데요, 사실 세무 리스크라는 말은 매번 알 듯하면서도 감이 잘 잡히지가 않아요."

홍 대리가 고개를 갸웃거리는 모습을 본 홍 회계사가 설명을 시작했다.

"세무 리스크는 간단히 말해 세무조사를 받아 세금을

추징당할 위험이에요. 그런데 탈세하려는 목적 없이 그저 경영상의 이유로 벌인 일들 중에서도 세무조사를 유발할 만한 것들이 있어요."

"그럼 이번에 저희가 세무서로부터 조사를 받은 것도 세무 리스크와 관련이 있나요?"

"홍 대리님 회사에서 인플레이션 우려 때문에 연말에 재고를 많이 확보해 두었다고 하더라도 세무서 입장에서 보면 달리 보일 수도 있는 거니까요."

홍 회계사는 계속 말을 이어갔다.

"일반적으로 재고자산은 일정 수준만 유지하지 대량으로 확보해 두는 경우는 흔치 않다는 거죠."

"세무서에선 저희 회사가 세금을 줄이려고 일부러 그랬다고 오해할 수도 있다는 건가요?"

"연말에 재고가 갑자기 늘어서 세금 부담이 줄었거나 세금을 환급받게 되었다면 세무서 입장에선 이상하게 볼 수밖에 없으니 확인하고 싶은 마음이 들겠죠. 그리고 일단 세무조사를 받게 되면 조사 과정에서 전혀 생각지도 못했던 문제들, 이제껏 그런 일이 있었는지도 몰랐던 내용들이 적발되는 경우가 많거든요. 그러니 애초 세무조사를 받을 만한 의혹을 만들지 않는 게 현명한 처사죠."

실제로 매입을 했더라도 세무서에서는 가공매입으로 오해할 수 있다는 의미였다.

'매입이라는 사실 뒤에 숨겨진 진실이 뭘까?'라는 의문에서 세무조사가 시작될 수 있는데, 이번 부자유통의 경우가 그런 경우였다.

재고자산에 대한 우려는 현실이 되고야 말았다. 과도한 재고자산은 자금 외에 세금 문제까지 만들어냈다. 세금은 본래 낮은 세율과 넓은 세원을 추구한다. 소득이 있고 그 소득에 대한 세금을 내야 할 사람이 제대로 낸다면 재정에 무슨 문제가 있겠는가. 그러나 사람들은 자신의 소득을 자랑하다가도 세금 앞에만 서면 번 것도 없다고 숨어버리곤 한다. 소득에도 외부보고용, 내부관리용, 세무신고용이 따로 있었다. 홍 대리도 홍영호 회계사의 의중을 깨달을 수 있었다. 누구에게나 균등한 세금을 어느 한두 명이 줄이려고 한다면 이는 위험을 늘리는 일이다. 위험이란 그것이 위험임을 아는 순간엔 이미 늦는다. 위험이 드러나지 않을 때 감지하고 수습해야 하는 것이다. 무엇보다 사람들 대부분은 절세가 위험한 것이라는 사실조차 모르고 있었다. 세무 리스크를 줄이려면 어떻게 해야 하는가의 문제는 홍 대리에겐 여전히 어려운 숙제였다.

유람선 사업은 갈수록 한계를 드러냈다. 보는 관광에서 가족 중심의 체험 관광으로 변화하는 시대의 흐름을 잘 파악하긴 했지만, 유람선 사업 경험이 전무하다는 것이 문제였다. 그들은 현실로부터 소외된 채 환상을 좇으며 허위와 진실 사이에서 방황하고 있었다.

홍부자는 이쯤에서 사업을 정리해야 하는 건 아닌지, 지금이라도 남아 있는 재산을 자식들에게 물려줘야 하는 건 아닌지 고민에 시달렸다. 그러면서도 마음 한구석엔 유람선 사업에 대한 미련을 떨칠 수가 없었다.

지금까지 겪은 고생을 떠올리면 쉽게 포기할 수가 없었지만 사업을 계속하기엔 채권자들의 반대가 너무 컸다. 채권자들과 주주들은 더 이상의 자금지원을 거부했고, 아울러 회사를 매각해 지금까지 투자한 자금의 일부라도 회수해야 한다는 쪽으로 의견을 모으고 있었다.

반면 홍태자는 증권거래세와 주식양도소득세 부담이 크다는 이유로 반대하고 있었다. 회사의 주식은 개인이 가지고 있으므로 주식을 양도하면 주주들은 차익에 대해 양도소득세를 내야 하는데, 회사 자본금 규모로 보아 양도소득세는 우려할 만한 수준이었다. 또한 매수하는 주주는 과점주주가 되어 취득세 중과문제가 대두될 수 있었다. 그렇다고 상속이나 증여가 간단한 것은 아니었다. 가업승계를할 수 있다면 세금에서는 훨씬 유리하겠지만 가업승계에대한 가업상속공제나 증여세 특례 등 세금혜택을 얻기 위해서는 조건이 까다로웠다. 무엇보다 업종변경 금지, 자산이나 상속지분 처분 금지, 종업원 수 유지 등의 의무가 발목을 잡았다. 그러나 세금보다 더 큰 문제가 자식들 사이에서 일어나고 있었다.

늦은 밤 홍부자의 집 안방에선 유람선 사업과 관련해가족회의가 열렸다.

"아버지가 이 정도 재산을 이룩한 근본은 농수산물 유통업이야. 그런데 유통업과 전혀 인접성도 없고 해본 적도없는 유람선 사업은 접는 게 낫지 않겠어?"

지난 1년 동안 차근차근 마트 사업을 배워온 홍 대리는이제 어느 정도 유통업을 알게 됐다는 자신감을 갖기 시작했다. 그런 만큼 유람선 사업보다는 아버지 홍부자의 핵심사업인 유통업과 물류업에 집중하자고 주장했다. 마진율이낮은 도소매보다는 서비스업종인 물류산업 진출이 리스크는 줄이고 수익성은 높일 것으로 보였다. 물류산업은 재고 부담이 없다는 장점 외에도 단순 하청이 아니라 물류 시스템이라는 자신의 플랫폼을 구축하는 사업인 만큼 경쟁력이 있다는 생각에서였다.

하지만 홍태자의 생각은 달랐다.

"대기업 마트가 속속 들어오고 있는 판국이야. 우리 같은 중소기업에 농수산물 유통업은 더 이상 안전한 사업이 아니야. 유통에 계속 연연하다가 서서히 자멸하느니 위험을 감수하고라도 신규 비즈니스를 창출하는 게 살길이라고."

태자와 시우는 같은 곳으로 가고자 했으나 가는 길이 달랐다. 둘의 갈등을 지켜본 홍부자의 입에서 안타까운 한숨이 새어 나왔다.

"그러니까 재산의 위험을 감소시키자는 게냐?"

"네, 전에 말씀드린 것처럼 지금은 재산 모두가 아버지 명의로 되어 있어서 위험 관리가 전혀 안 되고 있어요. 위험분산 차원에서 일부를 다른 가족 명의로 돌려놓는 게 좋겠어요."

홍태자는 며칠 동안 밤을 새워 궁리했던 모양인지 까칠한 얼굴에 눈까지 충혈되어 있었다.

"세금도 확인해 본 거지?"

세금 문제에 포박당했다가 어렵게 풀려났던 경험 때문인지 홍부자는 세금 문제부터 확인했다.

"네, 그렇죠. 아버지도 아시다시피 분산을 시키면 세금이 줄어들어요. 중요한 것은 타이밍이거든요. 시간이 있다면 천천히, 시간이 없다면 과감하게 해야죠."

"그렇잖아도 자금이 부족한 판국에 증여까지 하면 증여세가 부담이 되지 않겠니?"

홍부자는 찜찜한 느낌을 떨쳐버릴 수 없는 듯했다. 하지만 홍태자는 미리 뽑아놓은 예상 질문 리스트에 답변을 하듯 말했다.

"그냥 직접 주시면 증여가 될 수 있지만, 우회증여의 방법을 쓰면 증여세를 피할 수 있어요."

"우회증여?"

홍부자가 되묻자 홍태자는 기다렸다는 듯 어려운 전문 용어를 써가면서 한참 설명을 이어나갔다. 미간을 찌푸리며 홍부자가 고개를 갸웃거리자 홍태자는 안심하라는 듯이 말을 이었다.

"조금 복잡한 방법들이라 말로 들으시면 확 와닿지 않으실 거예요. 나중에 구체적인 제안서를 보여드릴게요."

이때 홍 대리가 우회증여에 대한 반대의사를 드러냈다.

"오빠가 말하는 방법은 결국 채권자들을 속이겠다는 얘기밖에 안 돼. 채권자들 입장도 생각해야지. 경영이 악화 됐으면 책임을 져야 하는 게 오빠나 아버지를 믿고 투자한 사람들에 대한 도리잖아. 그리고 우회증여는 증여세 문제가 발생할 수 있는 거 아니야?"

아버지의 재산 중 많은 금액이 투자되었건만 수익은커녕 적자만 내고 있는 유람선 사업에 대해 홍 대리도 걱정이 이만저만이 아니었다. 하지만 이 상황에서 재산을 분산시키자는 건 사업자금을 대준 채권자나 주주들과의 신의를 저버리는 행동이라고 생각했다.

"넌 천사처럼 보이면서 악마처럼 구는구나. 네 몫은 다 챙겼다고 그렇게 말하는 거니?"

홍 대리는 다른 사람도 아니고 친오빠가 자신을 아버지 재산이나 노리는 사람으로 몰아가는 듯해 서운함은 물론 분노마저 치솟았다.

"그게 무슨 말이야? 내 몫이라니?"

"넌 아무 고생도 안 하고 사무실에 자리나 지키고 앉아 있으면서 자연스럽게 회사를 물려받고 있잖아. 그러니까 이제 유람선 사업은 어떻게 되든 상관없다는 거지? 아니면 유람선 사업 때문에 네 몫인 부자유통까지 흔들릴까 봐 걱정돼서 이러는 거야?"

자신을 그저 돈에 눈먼 사람으로만 보는 오빠에게 서운함은 더욱 커졌다.

"아버지 재산에 눈곱만큼도 욕심 없어. 회사 다니면서 배운 것만으로도 충분히 받았다고 생각해. 그리고 능력도 없이 딸이라는 이유로 자리 잡고 있는 것은 나도 원하지 않아. 능력으로 인정받고 싶어서 쉬는 날도 없이 일해왔어. 근데 편하게 앉아서 물려받았다는 말을 딴사람도 아니고 오빠한테 들으니 너무 서운하네."

홍태자는 코웃음을 치며 비아냥거리기만 했다.

"돈에 욕심이 없어? 누가 들으면 효녀 났다고 하겠네. 근데 그렇게 돈 욕심 없는 애가 내가 하는 사업에는 왜 그렇게 배 아파하는데?"

"내가 언제 배 아파했어?"

홍 대리의 얼굴이 흥분하여 새빨갛게 달아올랐다.

"유람선 사업은 앞으로 내가 물려받아서 해야 할 사업이야. 근데 넌 내가 아버지 재산 다 차지하게 될까 봐 사업 시작부터 못마땅해했잖아."

"난 단지 유람선 사업이 우리가 할 수 있는 사업 분야가 아니라고 생각했을 뿐이야. 유람선은 처음부터 우리 사업이 아니었다고!"

"그래, 너 잘났다. 잘되면 자기 덕이고 안되면 남 탓한다더니, 부자유통까지 같이 무너지게 될까 봐 무섭니? 부자유통이 전부 너한테만 상속된 건 아니라는 거, 내 권리도 있다는 거 알아둬. 법적으로 2분의 1의 권리가 있어. 5년 전에 아버지가 너한테 증여했던 아파트 값도 많이 올랐지? 거기에서도 내 몫을 받아낼 거야."

홍태자는 야심차게 시작한 사업이 뜻대로 풀리지 않자 스스로에게 크게 실망했다. 그 와중에 자신의 상속재산이 기대치에 못 미칠 것 같다는 생각까지 드니 화가 머리끝까지 치밀었다. 분을 삭이지 못하고 한참을 씩씩 거리다가 결국 방문을 박차고 나가버렸다.

돈 앞에서는 혈육도 없다는 말이 사실이었다. 소유하는 것이 많아지니 서로 다툼이 생겼다. 딸한테는 아파트를 주고 아들한테는 현금으로 주었는데 아파트 가격이 오르자 아들은 재산분배가 불공평하다며 원망하고 있었다. 자신이 죽기라도 하면 유류분 반환 청구소송으로 이어질 것 같았다. 참으로 보잘것없는 인간의 욕망을 채우느라 가족이 무너지고 있었다.

시우야 본래 기대도 안 했다만, 사업을 잘 이끌 것이라 생각했던 태자에 대한 실망감이 너무도 크게 다가오는 홍 부자였다.

문득 가족이란 무엇일까 하는 생각이 들었다. 네모난 공간 안에 꽉 들어차 있는 열매처럼 서로에게 가장 든든한 존재이면서도 가장 치명적인 공격을 하는 적이기도 했다. 가족이니까 참으라는 말은 더 큰 불행을 부르는 것 같았다. 가족은 꼭 군도 같았다. 한 객체를 이루지만 각자 분리된 섬이었고 서로에게서 점차 멀어져 가고 있었다.

가족경영은 3대를 넘기기 어렵다고 들었는데, 그 이유를 알게 된 것 같아 더 서글펐다. 지금의 모습을 보고 있자니 가업승계는 부富가 아니라 책임을 물려주어야 하는 것이라는 생각이 들었다.

절세와
탈세 사이

유람선 사업도 걱정이었지만 홍 대리에겐 유통업의 위기를 극복하는 게 더 큰 문제였다. 그러나 실질적인 경영자가 홍부자인 만큼 홍 대리가 해결할 수 있는 사안은 그리 많지 않았다. 그저 회계업무에 문제가 생기지 않도록 미연에 방지하거나 세금 문제가 발생하면 그때마다 잘 해결하는 게 홍 대리에게 주어진 임무였다. 그래도 홍 대리는 부자유통의 자금이 유람선 사업에 투자되고 있다는 사실이 계속 꺼림칙했다. 아직까지는 별문제가 일어나지 않았지만 혹시나 하는 마음에 홍 대리는 며칠 전 홍 회계사를 찾아갔다. 그리고 결국 홍영호 회계사로부터 부자유통의 많은 자금이 유람선 사업에 투자됐다는 사실 자체가 세무상 큰 리스크라는 이야기를 들었다.

"홍시우 대리님, 부자유통과 태자유람선은 특수관계에 있는 회사입니다."

"특수관계라뇨?"

홍 대리가 못 알아듣겠다는 듯한 얼굴로 되묻자 홍 회계사는 내용을 설명해 주었다.

"특수관계에 있는 회사란 세법적인 용어로 서로 가족 관계나 지분관계로 얽혀 있는 회사를 말합니다. 그런데 이렇게 특수관계가 있는 회사끼리 서로 거래를 하면 세무상 문제가 될 가능성이 아주 많습니다."

홍 회계사의 말은 사실이었다. 편법증여나 법인자금유용 등에 대해 정부가 전방위적으로 조사를 펼치고 있고 위법의심 거래에 대해서는 경찰과 검찰, 금융위 등 관계기관에 통보되고 있었다. 부모와 자식 간에 돈을 빌리는 것은 차용증을 쓰고 이자를 지급해도 편법 증여라고 보고 증여세를 물리는 경우가 많았다.

홍 대리는 지금까지 막연히 걱정해 오던 사실이 일이 되고 있다는 느낌을 받았다. 아버지의 회사에서 아들의 회사로 자금이 계속 투자되고 있는 형국인데, 이 사실 때문에 혹시 안 좋은 일이라도 생기는 건 아닌지 늘 찝찝했던 것이다.

"구체적으로 어떻게 문제가 된다는 거죠?"

"유통업에서 유람선 사업으로 어느 정도 자금이 들어 갔는지 혹시 아세요?"

"글쎄요. 정확한 금액은 정리해 봐야 알겠는데 아마 10억 원 이상은 아무 조건 없이 들어갔을 거예요."

"세금을 줄이기 위해 가장 많이 쓰는 방법이 바로 분산 이죠. 즉, 재산이나 소득을 다른 사람한테 이전하는 거예 요. 만약 홍부자 사장님께서 아들인 홍태자 씨에게 재산을 이전한다면 어떤 세금을 내야 할까요?"

"증여세를 내겠죠."

홍 대리는 당연하다는 듯 대답했다.

"맞습니다. 재산이나 소득이 이전될 때 재산을 받은 사 람은 그만큼 재산과 소득이 생겼으니까 증여세를 내야 하 죠. 그런데 상속세나 증여세는 개인들한테나 해당되는 것 이지 회사 같은 단체들엔 이런 세금 자체가 없어요. 그래서 세금을 줄일 목적으로 회사를 이용해 재산을 분산하는 사 례가 많습니다."

홍 회계사의 말은 홍 대리를 혼란스럽게 했다. 탈세는 나쁘고 절세는 좋은 것이라 여겼는데, 어쩌면 그 생각이 틀

렸을 수도 있겠다는 생각이 들었다. 절세는 법의 테두리 안에 있고 탈세는 밖에 있다고 하지만, 법의 테두리라는 것이 홍 대리의 눈에는 잘 보이지 않았다.

탈세 원리와 절세 원리 사이에는 상당히 유사한 면이 있다. 소득누락 등을 통해 소득을 줄이는 것은 탈세이며 소득 귀속자를 분산시켜 1인당 소득을 줄이는 것은 절세라고 말한다.

소득세는 1인당 소득이 많으면 높은 세율이 적용되고 1인당 소득이 적으면 낮은 세율이 적용되는 초과누진세율 구조다. 즉, 1인당 소득이 적은 빈자에게는 적게 세금을 부과하여 숨쉴 틈을 주고, 소득이 많은 부자에게는 많은 세금을 거두어 재정을 확보하겠다는 취지다. 그러므로 절세를 하려면 모든 소득을 본인에게 귀속시키기보다는 배우자 등에게 분산하는 것이 유리하다. 한 명에게 소득이 몰려 있으면 1인당 소득이 늘어나 높은 세율이 적용되지만, 동일한 소득이 여러 명에게 분산되면 1인당 소득이 줄어들어 낮은 세율이 적용되기 때문이다.

여기에서 문제가 생길 수 있는 것은 증여세다. 소득을 분산시키기 위해 증여라는 방법을 사용하는데, 소득세를 줄이려다가 증여세가 늘어나버리면 아무런 이득이 없게 된다. 세금을 내지 않고 가족에게 증여할 수 있는 한도는 낮고, 그렇다고 배우자와 자녀를 많이 만들 수도 없는 노릇이다. 그래서 회사는 좀 더 쉽게 법인이라는 것을 만들어 회사로 재산과 소득을 분산하는 방법을 이용하고 있다. 이 경우 법인은 증여세보다 훨씬 낮은 법인세를 내게 되고, 결손법인이라면 이조차도 내지 않을 수 있다.

증여세를 줄이려고 이런 시도를 하면서도 남이 하면 탈세이고 내가 하면 절세라는 식으로 생각하는 사람이 많다.

홍 대리는 부자유통과 유람선 사업의 예를 떠올리면서 홍 회계사의 말을 경청했다.

"유통업에서 유람선 사업으로 자금이 무상으로 넘겨졌고, 유람선 사업의 사장이 홍태자 씨라면 홍부자 사장님 회사에서 홍태자 사장님 회사로 재산을 그냥 넘겨준 것이 되는 거죠. 따라서 이에 대한 세금 문제가 당연히 발생하겠지요."

"자금을 그냥 준 건 아니고 빌려주는 형태로 처리했는데도 문제가 된다는 말씀인가요?"

부자유통에서 유람선 사업으로의 자금 이전은 서류상으로 대여금 형태로 되어 있기 때문에 홍 대리는 문제가 되지 않을 것으로 여기고 있었다.

하지만 그렇게 간단치 않은 문제인지 홍 회계사는 즉답을 피한 채 대신 홍 대리에게 질문을 던졌다.

"가령 그 자금을 유람선 사업에 빌려주지 않고 다른 곳에 사용했다면 어떻게 됐을까요?"

"제 말이 그거예요. 유람선 사업에 자금만 들어가지 않았다면 얼마나 좋았겠어요."

유통업에서 번 돈을 유람선 사업으로 쏟아붓지만 않았어도 부자유통의 어려움은 지금보다 훨씬 적었을 게 분명했다. 홍 대리는 그동안 쌓인 것이 많았다는 듯 속내를 털어놓기 시작했다.

"사실 지금 저희 회사에 걱정거리가 한두 개가 아니거든요. 일단 도매업에서 발생하는 미수금 문제가 그렇고, 재고 관리도 그렇죠. 하지만 그중 가장 큰 문제는 대형 마트와의 가격경쟁에서 밀리고 있다는 거예요. 대형 마트는 엄청난 자금력으로 대량구매를 해서 가격파괴다 뭐다 하는데, 저희는 돈이 없으니 대량구매를 하는 데도 한계가 있어요. 그러다 보니 대형 마트와는 경쟁이 안 되는 거죠. 따지고 보면 이게 다 유람선 사업에 들어간 자금 탓 아니겠어요? 그 돈만 있었어도 대형 마트와의 가격경쟁에서 이렇게 밀리진 않을 텐데 말이죠."

특히 대형 마트와 가격경쟁을 하는 것은 자금력이 부족한 중소기업에 아주 불리했다.

"가격경쟁이 문제라면 가격경쟁을 하지 않으면 되지 않나요?"

홍 회계사의 말에 홍 대리는 허탈한 웃음을 지었다.

"당연히 가격경쟁을 하지 않으면 좋죠. 하지만 고객들은 싼 상품을 원하지 비싼 상품을 원하지는 않거든요. 그래서 저희 회사도 어쩔 수 없이 가격경쟁을 하고 있는 거고요."

"가격경쟁은 가격 이외에 다른 경쟁할 요소, 즉 차별화 요소가 없을 때나 하는 거라고 생각해요. 만약 어떤 상품이나 서비스가 다른 상품이나 서비스에선 생각할 수도 없는 장점을 갖고 있다면 가격경쟁은 애초에 일어나지도 않겠죠."

홍 회계사는 잠시 적절한 예를 생각하더니 다시 말을 이었다.

"사실 제 아내는 유기농 마니아예요. 아이들도 유기농 어린이집에 보내고 있을 정도로요. 알다시피 유기농 상품 가격이 일반 농산물보다 두세 배 정도 비싸죠. 그런데도 제 아내는 유기농 식품만 찾아요. 유기농 식품이라면 가격은 따지지 않는 거죠."

"회계사님같이 돈 많이 버시는 분들이야 그렇겠지만 일반 서민들은 맘 놓고 비싼 유기농 식품 못 먹어요."

홍 대리는 왜 갑자기 유기농 식품 얘기를 꺼내는지 언뜻 이해가 되지 않았다.

"그러니까 유기농 식품을 대중화하기는 아주 힘들겠죠. 하지만 우리나라의 부자들만 상대로 하는 타깃마케팅을 하면 얘기는 달라지지 않을까요? 예를 들어 강남의 부촌만을 상대로 제주의 친환경 유기농 식품 사업을 벌인다면 어떻겠어요?"

순간 홍 대리의 뇌리에 뭔가 섬광 같은 것이 번쩍였다. 부자들을 대상으로 한다면 미수금이 생길 걱정도 없을 테고, 제주의 청정 이미지를 담은 상품인 만큼 물량 부족을 걱정할지언정 재고가 쌓일 염려도 없을 게 분명했다.

"회계사님 아이디어를 잘만 활용하면 정말 좋은 사업이 될 것 같은데요? 하지만 판로 뚫기가 만만치는 않겠죠? 시간도 많이 걸릴 테고요."

이리저리 머리를 굴리던 홍 대리가 슬쩍 걱정을 내비쳤다.

"그렇겠네요. 하지만 이런 방법을 써볼 수도 있겠죠. 제 거래처 중에 이런 판로를 가지고 채소 종류를 납품하는 회

사가 있거든요. 그러니까 홍 대리님께서 과일 종류와 가공
품을 개발해 그 회사와 판로를 공유하고 서로 이익을 나누
어 갖는다면 시간이 조금은 단축될 수도 있을 거예요."

홍 회계사의 조언에 홍 대리는 자신감이 솟는 듯했다.

하지만 금세 또 맥이 빠졌다. 무언가를 시작하려면 자
금이 있어야 하는데 현재는 유통업에서 버는 족족 유람선
사업에 들어가고 있었다. 홍 대리는 유람선 사업에 사용해
버린 자금이 아깝기만 했다. 3퍼센트의 정기예금에만 들어
놨어도 10억 원이면 연간 3000만 원의 이자가 고스란히 유
통업의 수입이 되었을 것이다.

"더 큰 문제가 있어요. 세법은 그것도 매출누락으로 보
거든요. 특수관계에 있는 회사에 자금을 빌려주었는데 이
자를 받지 않았다면 이자수입을 누락한 걸로 보는 거죠. 일
반적인 정상거래라면 자금을 빌려주고 이자를 받는 건 당
연한 일이니까요."

홍 대리는 매출누락이라는 말에 깜짝 놀랐다. 서귀포리
조트에서 못 받은 미수금에 대해서도 세금을 내라고 하더
니, 이젠 돈을 빌려주고 이자를 안 받은 것에 대해서도 세금
을 물린다고 하니 이해가 가면서도 억울한 마음이 들었다.

"그런 걸 '부당행위계산부인'이라고 하죠. 자금 거래 말

고도 특수관계에 있는 회사들끼리 재고자산 거래나 주식 거래를 했다면 모두 부당행위계산부인으로 간주될 가능성이 높아요."

실제로 헐값에 알짜계열사 주식을 매입하고 계열사의 실적을 부풀려 자녀들이 대주주로 있는 지주회사의 주식 가치를 폭등시키는 방식의 편법증여가 만연해 있다. 막강한 권력을 가진 이들은 계열사에 일감을 몰아주거나 일감을 떼어주는 방식으로 편법증여를 하였고, 국세청은 빅데이터 분석을 통해 일감 몰아주기와 일감 떼어주기의 악용 여부를 검증하고 있었다.

결국 이제껏 홍 회계사가 한 말을 종합해 보면 부자유통에는 여러모로 큰 위험이 도사리고 있다는 얘기였다. 세무조사를 받게 되면 현재 보유하고 있는 자금으로는 세금도 충당하지 못할 것 같았다. 홍 대리는 눈앞이 깜깜해졌다.

납세가
곧 절세다

홍태자는 유람선 사업을 계속 유지하기 위해 온갖 궁리를 했다. 이젠 유람선 사업으로 대박을 치겠다는 생각보다는 아버지가 평생에 걸쳐 모은 재산을 자신의 잘못으로 날려버릴지도 모른다는 위기감이 더 컸다. 한편으로는 유람선 사업을 하기 전의 삶으로 돌아가고 싶었다. 그러면서도 당시 자신의 선택이 최선이었다고 합리화하려는 서글픈 시도를 계속하고 있었다.

'유람선 사업이 안되는 이유가 뭘까?'

원인은 자금과 사업 모두에 있었다. 사업적인 면에선 무엇보다 제주도의 유람선 사업을 너무 쉽게 생각한 것이 실수였다. 처음엔 유람선 사업이야말로 사면이 바다인 제주도에 가장 적합한 사업 아이템이라고 믿어 의심치 않았지만, 막상 유람선을 타고 제주도 전체를 네 시간에 걸쳐 돌아보는 관광은 그다지 매력적이지 않았다. 처음 30분 정도는 제주의 깨끗한 바다를 보면서 탄성을 지르지만, 그 이후로는 계속 똑같이 이어지는 풍경에 지루하기만 할 뿐이었다.

관광객들은 제주도를 눈으로 보기 위해 오는 게 아니라 제주에서 여유를 찾고 싶어 온다는 사실에서 다시 출발해 사업 아이템부터 확실하게 바꾸어야 했다.

그러기 위해선 우선 배의 스타일부터 고쳐야 했다. 여객선 형태의 배는 운항 목적이기 때문에 관광에는 맞지 않는 면이 있다. 이를 유람선의 형태로 개조해야 했다. 그리고 내부도 연회장이나 선상 위 라이브 카페, 노래방 등의 시설을 갖추어 배 안에서 모임이나 연회를 즐길 수 있게 해야 한다는 구상이 나왔다. 모두 홍태자와 홍 대리의 아이디어였다.

홍 대리도 조금만 더 힘을 내면 곧 수익을 보게 될 거라는 아버지와 오빠의 희망을 무조건 쓸데없는 미련으로 치부할 수만은 없었다. 아버지와 오빠가 얼마나 매진했는지를 떠올려보면 차마 이제 그만 손을 떼라는 식으로 몰아붙

일 수 없었고, 어떡하든 같은 식구로서 자신도 도움이 되고 싶다는 심정이었다.

자식들의 아이디어를 듣고 있던 홍부자가 미간을 찌푸렸다.

"좋다. 다 좋은데 자금은 어떻게 할 거니?"

일순 사장실 안에는 썰렁한 기운만이 감돌았다. 분위기는 삽시간에 얼음판으로 변해버렸다. 가장 큰 문제는 이번에도 자금이었다.

"추가 대출은 힘들까요?"

홍 대리가 물었다.

"담보대출은 이미 받을 대로 받은 상황이다."

더 이상의 담보대출은 힘들다는 게 홍부자의 생각이었다.

"주주들을 모집하는 것도 쉽지는 않겠죠?"

홍태자는 혹시나 하는 마음으로 혼잣말하듯 중얼거렸다. 침묵만이 이어졌다. 지금까지의 실적이 너무 좋지 않아 주주 모집이 불가능하리라는 것은 세 사람 모두 잘 알고 있었다.

이때 홍 대리가 뭔가 떠올랐다는 듯 눈빛을 빛냈다.

"마트의 경우 실적이 그렇게 좋지 않은 건 아니잖아요.

작년에 비해 수익이 줄긴 했지만 그래도 추가 대출을 받을 정도의 수익은 되는 상황이에요. 우선은 마트를 통해 추가 대출을 받아봐요."

"마트를 통해 대출을?"

홍태자의 귀가 솔깃해졌다. 그런데 홍부자의 낮게 깔린 목소리가 들려왔다.

"거기엔 문제가 있다."

홍 대리와 홍태자가 일제히 홍부자를 쳐다보았다.

"마트에서 발생한 매출을 다 신고한 게 아니었거든. 실제 매출의 절반 정도만 신고해 왔기 때문에 장부상 이익은 얼마 되지 않아."

세무신고는 홍부자와 양 세무사 두 사람이 주도했기 때문에 홍 대리는 이 사실을 모르고 있었다. 실제 현금매출은 대부분 누락시키고 카드나 세금계산서 매출만을 신고했기 때문에 장부에 잡혀 있는 매출과 이익은 적자를 겨우 면하는 수준이라는 것이다.

"현금매출은 일부만 신고한 거군요."

"이미 은행 쪽에 연락을 해봤는데, 지금 신고된 매출 기준으로는 추가 대출을 받기 힘들다는구나."

홍부자는 세금을 줄이기 위해 매출을 많이 누락해 왔는

데 그것이 이렇게 독으로 작용하게 될 줄은 몰랐다. 세금을 줄이기 위한 편법 행위가 은행에서 평가하는 부자유통이라는 브랜드 가치를 좀먹었던 것이다.

뭔가 곰곰이 생각하더니 홍 대리는 문득 좋은 아이디어가 떠올랐는지 밝은 표정으로 말했다.

"실제 현금매출을 이번 분기에라도 수정 신고하면 어떨까요?"

홍부자와 홍태자는 동시에 고개를 저으며 당치도 않다는 반응을 보였다.

"마트의 실제 매출이 신고한 매출보다 많다고 하지만 지금 와서 신고한 게 잘못되었다고 한들 대출기관에서 그 말을 믿어주겠어?"

홍태자도 위험한 일이니 관두라는 투였다.

"물론 말로만 얘기하면 믿지 않겠죠. 하지만 세무서에 정식으로 수정해 신고하고, 수정된 매출을 근거로 회계감사를 받아 다시 재무제표를 작성하면 믿지 않을 이유가 없죠."

일리 있는 말이었지만 세금이 걱정이었다. 지금까지 누락시켰던 매출을 수정해 신고한다면 부가가치세부터 법인세까지 몽땅 추가로 물어야 할 것이고 그렇게 되면 세금 때문에 회사의 존립 기반조차 흔들리게 될지 몰랐다.

"매출누락에 대해선 가산세까지 포함해 누락액의 70퍼센트 이상이 세금으로 나올 수 있다고 하는데, 그걸 감당할 수 있을지 모르겠구나."

홍부자는 여전히 회의적인 반응이었지만 홍 대리는 홍영호 회계사의 말에 믿음을 갖고 있었다.

"아직 4분기 신고가 끝나지 않았잖아요. 1분기부터 3분기까지의 매출누락분이 많으면 4분기 때 수정해서 신고하면 돼요. 아직까진 부가가치세만 신고해 놓은 상황이잖아요. 결국 4분기 매출을 수정하면 연간 매출은 실제 매출하고 동일해지는 거니까 가산세는 내지 않아도 돼요. 문제는 부가가치세가 추징될 수도 있다는 건데, 이것도 대출받게 될 자금에 비하면 얼마 되지 않으니까 크게 걱정하지 않아도 될 거예요."

세금 전문가라도 된 듯 줄줄 설명을 늘어놓는 딸의 모습에 홍부자는 깜짝 놀라면서도 한편으론 회계업무를 맡으면서 그동안 공부를 열심히 했구나 하는 생각에 대견한 마음이 들었다.

"1~3분기 때 매출누락분을 4분기 때 모두 반영하자는 말이냐?"

"네, 연간 매출액은 실제 매출과 동일하게 해놓자는 거예요."

그래도 여전히 홍부자는 선뜻 결정을 내리지 못하고 이것저것 확인만 해댔다.

"그게, 문제가 되지 않겠니?"

"물론 문제가 전혀 없다고는 볼 수 없죠. 하지만 무엇보다 연간 매출은 정확히 신고하자는 목적 자체가 정당한 거잖아요. 1~3분기까지의 부가가치세를 내야 하지만 그다지 많지 않을 거예요. 어차피 1년간의 부가가치는 똑같은 상황에서 1~3분기 부가가치세를 4분기에 내는 것뿐이니까요. 누락이 아니고 지연납부가 되는 거니까 가산세가 있더라도 그렇게 많지는 않을 거예요."

가산세는 크게 신고를 하지 않거나 잘못한 경우에 내는 신고불성실가산세와 세금을 늦게 납부하는 경우에 내는 납부불성실가산세가 있었다. 잘못 신고한 것을 알고 조기에 수정해서 신고하면 그만큼 신고불성실가산세는 감면을 받을 수 있고, 납부불성실가산세는 세금을 늦게 내는 데 따른 이자상당액을 내는 것이므로 큰 부담이 아니었다.

홍 대리는 홍 회계사에게서 들은 내용을 가까스로 떠올리며 아버지와 오빠를 설득하고 있었다. 하지만 홍부자와 홍태자는 세금을 내야 한다는 말에 아까운 마음부터 드는 모양이었다.

"세금 몇 푼 안 내려다가 회사의 신용도도 떨어졌고 자금줄까지 막혔잖아요. 차라리 지금이라도 실제 매출을 오픈하면 30억 원 정도는 추가 대출을 받을 수 있어요. 부가가치세는 더 내봐야 3억 원 정도밖에 안 될 거고요. 가산세를 나중에 추징당하더라도 자금조달액 30억 원에 비하면 더 나은 방법이죠."

홍부자는 일리 있는 설명이라고 여기면서도 구태여 3억 원의 세금을 내야 한다는 게 아깝다는 생각에 사로잡혀 있었다. 홍 대리는 여전히 결정을 내리지 못하고 있는 아버지가 너무 답답했다.

"정당한 방법으로 3억 원의 세금을 내고 30억 원의 대출을 받을 수 있게 되면 결국 추가로 27억 원의 자금이 생기는 거잖아요. 세금 3억 원 아끼려고 회사 문 닫게 하실 거예요?"

두 눈을 꼭 감고 생각에 잠겨 있던 홍태자는 결국 홍 대리의 생각에 반대하고 나섰다. 매출누락을 수정 신고해 30억 원의 대출을 받는 것까지는 괜찮지만 3억 원의 추가 세금은 내고 싶지 않았다. 중요하다고 생각했던 대출문제는 중요해지지 않았고 생각지도 않았던 세금문제는 갑자기 중요해졌다. 아무리 적은 세금이라도 예상하지 않았던 세금은 헛된 돈이라는 생각이 들며 아까워진 것이다. 세금 앞에서 한없이 나약해지는 흔한 사업가의 모습이었다.

홍태자는 대출보다 주주 모집을 통해 자금 부족을 해결하겠다고 나섰고, 그 외에 추가적인 자금은 요트와 골프장을 연계해 분양하는 방식으로 충당할 계획을 잡았다.

"세금을 내면서까지 대출금에 목맬 수는 없죠. 차라리 다른 회사의 콘도와 골프장, 요트를 우리 유람선과 함께 묶어서 분양하면 어떨까요?"

"요즘 분양 시장이 좋지 않은데 괜찮겠니?"

"우선은 할 수 있는 건 뭐든 해봐야 되잖아요!"

홍태자는 성을 내면서 자기주장을 내세웠고 결국 회의는 그것으로 끝이 났다. 홍 대리가 유람선 사업에 관여할 수 있는 상황도 아니었고, 홍부자는 무엇보다 지금까지 들어간 돈이 아까운 모양이었다. 홍태자는 자신이 벌인 일인 만큼 여기서 주저앉으면 끝장이라는 생각에서 어떻게든 유람선 사업을 끌고 가고 싶어 했다.

유람선 사업을 포기하지 않겠다는 홍태자의 결심에도

불구하고, 갑작스레 태자유람선을 인수하겠다는 회사가 나타나면서 채권단은 매각으로 뜻을 모으게 됐다. 인수 의사를 밝혀온 회사는 S은행으로부터 PF(부동산개발금융)를 일으켜 자금을 200억 원 정도 마련한 뒤 태자유람선을 인수하겠다는 계획을 제시했고, 홍태자 쪽으로 유람선 사업과 관련한 재무자료를 요청했다.

"아버지, 그쪽에선 어떻게 PF자금을 가지고 올 건지에 대한 정확한 증거 자료도 제시하지 못하고 있어요. 그러면서 우리 쪽에 주주포기각서에다 현 임원진 사퇴각서까지 요청하는 건 정말 이해가 가지 않아요. 뭔가 이상하다고요."

홍 대리는 인수자를 신뢰할 수 없다는 의견이었다.

"네 말도 맞기는 하다만, 채권단이 계속해서 매각 쪽으로 가닥을 잡아가고 있으니 어쩌겠니. 지금 이 가격에라도 팔 수 있다면 남는 장사라는 얘기가 오가는 판국에 매각을 못 하겠다고 버틸 수도 없는 상황이구나."

홍부자 역시 태자유람선을 PF자금으로 인수하려 한다는 사실이 이해가 되지 않았지만 도리가 없었다. 홍부자는 답답한 듯 땅이 꺼져라 한숨을 내쉬었고, 홍태자는 침울한 얼굴로 침묵을 지켰다.

사업 자금 거의 대부분을 빌려 썼기 때문에 채권자와 주주는 십여 명에 달했고, 그만큼 매각과 관련한 이권관계는 복잡했다. 채권자들과 주주들은 매일 회의를 열어 문제 해결에 나섰지만, 다들 자신의 몫이 얼마나 될지에 대해서만 관심이 있었기 때문에 이견은 좁혀지지 않았다. 오늘도 채권단 회의가 있었고 채권자와 주주 그리고 경영진이 모였다.

"전 PF가 확실하게 될 가능성이 있느냐에 의문을 제기하고 싶습니다."

고생해서 끌고 온 사업을 허무하게 매각하고 싶지는 않았던 홍태자는 PF가 확실한가에 관심을 집중시킴으로써 채권자들과 주주들의 매각 움직임을 저지하려 노력했다.

"매각하게 되면 세금도 많이 나올 텐데 200억 원에서 세금을 빼고 나면 얼마나 남을까요?"

한 주주가 세금을 뺀 실질적인 매각 대금액을 물었다. 홍 대리는 대략 200억 원을 기준으로 세금을 계산해 보고는 그 결과치를 보고했다.

"하지만 이 금액은 어디까지나 예상치입니다. 주식 양도를 할 것인지, 자산부채 양수도를 할지에 따라 세금 액수가 달라질 수 있으니까요."

변수가 많다는 얘기에 채권자와 주주들은 혼란스럽다는 반응을 보였다. 홍 대리는 논의가 자꾸 문제의 본질에서 빗나가는 것 같아 답답했다.

M&A는 회사의 치부만 드러낸 채 성사되지 않고 끝나는 경우가 대부분이건만 채권자와 주주들은 이미 매각이 성립되었다는 전제하에 의견을 나누고 있었다. 더욱이 가장 중요한 건 인수자의 의도였는데, 태자유람선을 인수하겠다는 회사는 정말 인수하려는 의도가 있는지조차 의심스러웠고, 인수할 능력도 없어 보였다. 그런데 인수자를 만나보지도 않은 상태에서 채권자와 주주들은 자기들끼리 매각이 다 된 것처럼 얘기하면서 시간만 흘려보내고 있었다. 거기다 태자유람선의 재무자료를 비롯해 대부분의 서류를 심사하겠다는 인수자의 주장에 편승하기까지 했다.

채권자와 주주들은 자신들의 몫을 어떻게 챙길지에 대해서만 관심이 있는 듯했다. 홍 대리는 그런 채권자와 주주들의 태도에 속이 상했지만, 그 책임이 아버지와 오빠에게 있었기 때문에 그저 지켜볼 수밖에 없었다.

"아버지, 큰일 났어요!"

노크도 하지 않은 채 홍 대리가 급히 사장실로 뛰어 들어왔다.

"뭐가 그렇게 급해서 이 난리 법석이냐?"

홍부자의 어리둥절한 물음에도 홍 대리의 흥분한 기색은 가시지 않았다.

"태자유람선에 세무조사가 나왔대요!"

"뭐? 세무조사? 아무런 통보도 없었잖아."

홍부자에게 세무조사란 사전통지 없이는 받지 않는 것이었다. 어쩌면 자신이 세무조사 대상이 되었다는 것을 인정하고 싶지 않은 것인지도 모른다. 세무조사란 말에 눈앞이 아찔해졌지만 홍부자는 심호흡을 하며 정신을 가다듬었다.

"태자한테 당장 연락해 봐라."

홍 대리는 난감한 표정으로 다급하게 대답했다.

"연락이 안 돼요."

"연락이 안 되다니? 그게 무슨 소리냐? 아…… 그래, 어제 투자받는다고 서울에 올라갔지. 미팅 중이라 전화를 받을 수 없는 모양이구나."

자금을 만들어 오겠다며 집을 나서는 아들을 홍부자는 말리지 않았다. 이미 방법을 찾을 수 없는 지점에 이르렀고 아무리 고집 센 아들이라 해도 곧 그 사실을 인정하게 되리라 여긴 것이다.

홍 대리는 아무것도 모르는 아버지를 보자 울컥 목이 멨다.

"계속 핸드폰 전원이 꺼져 있어요. 올케 언니한테 전화해 봤는데 어제 서울 집에도 안 왔대요."

홍부자는 정신이 아득해졌다. 악몽이라면 어서 빨리 깨고 싶었다.

너무 큰 충격을 받은 듯한 홍 부자의 모습에 놀란 홍 대리는 아버지를 진정시키려 애썼다.

심호흡을 하며 가까스로 흥분을 가라앉힌 홍부자의 머릿속에 태자유람선의 인수 작업이 결렬되던 날의 일이 떠올랐다. 인수자 측은 인수 작업을 한답시고 실사를 하면서 자연스레 부자유통과 태자유람선 사이의 자금 거래와 숨겨왔던 매출 누락 사실 등을 알게 되었다. 그런데 결렬되고 나서 얼마 지나지 않아 세무조사까지 나온 것이다. 인수자 측을 통해 회사 기밀이 세무서로 들어갔을지 모른다는 생각부터 들었다. 이는 홍 대리도 마찬가지였다.

"혹시 문 부장님이랑 관련이 있는 거 아닐까요?"

제주는 지역이 좁은 만큼 소문이 많이, 그리고 빨리 도는 경향이 있다. 그런데 문대호 부장이 부자유통을 그만두고 이직한 제주물류와 유람선 사업을 인수하려는 회사가 특별한 관계에 있다는 얘기가 돌았다. 홍부자는 10년 넘게 자신의 회사에서 일했던 문대호 부장이 앙심을 품고 일을 벌였다고는 믿고 싶지 않았다. 그러나 이렇게 갑작스럽게 쳐들어오는 세무조사는 누군가 악의로 찌르지 않고서는 일어나기 힘들다는 사실은 문 부장을 의심할 수밖에 없도록 만들었다.

"아직은 그냥 소문일 뿐이다. 명백한 증거가 있는 것도 아니잖니. 그저 부자유통까지 세무조사에 영향을 받을까 그게 걱정이구나."

태자유람선과 부자유통 사이의 자금 거래가 세무 리스크를 높인다는 사실을 이미 홍 회계사를 통해 전해 들었던 홍 대리도 걱정이 되지 않을 수 없었다. 비정기조사는 편법적인 상속증여나 불법 자본거래를 통해 탈세하는 기업들을 대상으로 한다고도 했다. 예전에는 직접 재산을 자녀에게 옮겼지만 요즘은 자녀 명의의 회사를 설립한 뒤 일감을 몰아주거나 자본을 넘기는 형태가 많아서 이런 거래에 대해 세무조사를 많이 한다는 것이다. 홍 대리의 걱정은 얼마 지나지 않아 현실이 되었다. 태자유람선에 세무조사를 나갔던 조사관 중 두 명이 부자유통을 방문한 것이다.

"그동안 태자유람선과 부자유통 사이의 자금 거래가 지나치게 많았던 것으로 보여서요. 아무래도 부자유통도 조사가 불가피할 것 같습니다."

조사관은 기업의 사주들이 페이퍼컴퍼니를 만들어서 자금 세탁이나 증여를 목적으로 거래 단계를 복잡하게 만들고 장기간에 걸쳐 탈세가 이루어지는 정황이 포착된 기업들에 대해 대대적인 세무조사가 이루어졌다고 말하며 세무조사를 나온 배경에 대해 무뚝뚝하게 설명했다. 말을 마친 다음에는 조사 대상이 연장된다는 안내문을 전달했다. 홍 대리는 하늘이 노래지고 땅이 꺼지는 것 같아 제대로 서 있기조차 힘들었다.

태자유람선에 대한 세무조사 결과 추징 규모는 작았지만, 부자유통까지 세무조사를 받게 되어 타격이 컸다. 홍부자는 파산을 눈앞에 두자 정신적인 파산까지 일어나는 듯했다.

"세상 일이란 참 알 수가 없어. 부자유통까지 세무조사를 받게 됐구나."

두 눈동자가 초점을 잃는 듯하더니, 홍부자는 기어코 쓰러지고야 말았다.

다행히 홍부자는 재빨리 병원으로 옮겨져 큰 문제는 없었다. 그러나 불안감에 잠도 이루지 못했다. 병원에서는 며칠간 입원해 있으면서 안정을 취하라고 했다.

"아버지, 어떻게 이런 일이……. 어쩌면 좋아요."

홍 대리는 병실에 누워 있는 아버지를 보며 터져 나오려는 눈물을 간신히 삼켰다. 모든 것이 무너져 내리는 느낌이었다. 엉엉 목놓아 울고 싶었지만 그렇게 되면 아버지가 더 힘들어 하실까 봐 마음껏 울 수도 없었다. 게다가 언제까지 그대로 넋 놓고 회사가 무너지도록 내버려 둘 수는 없었다. 이 악몽 같은 현실을 꿋꿋이 버텨내야 했다.

홍 대리는 이를 악물고 다시 회사로 차를 몰았다. 아버지가 평생을 바쳐 일구었을 뿐 아니라 자신 역시 얼마간 동고동락하며 지내온 부자유통을 지켜내기 위해서였다.


세무조사는 생각보다 강도 높게 진행됐다. 무엇보다 물가가 급등하는 상황이라 몇 달 전 원자재를 사재기한 일에 대해 강도 높은 재조사가 이루어졌다. 홍 회계사의 말대로 사재기 자체가 직접적으로 세금추징과 연결되지는 않았지만, 원자재 사재기가 세무조사 리스크를 높였고, 결국 다른 쪽에서 세금을 추징당하게 됐다.

또 홍 대리가 걱정했던 것처럼 세무조사에서 가장 문제가 되었던 점은 부자유통과 태자유람선 사이의 자금 거래였다. 조사관들은 회사와 관련된 모든 금융거래내역을 조회하고 자금거래를 분석해 둔 상황이었다. 부자유통에서 유람선 사업으로 자금이 투자되었건만 단 한 푼의 이자도 받지 않았다는 사실은 매출누락으로 간주되었다. 반대로 자금거래 없이 내부적으로 세금계산서를 수수한 거래에 대해서는 가공거래로 간주되어 공제받았던 매입세액을 추징당했다. 그 밖에 서귀포리조트 등에서 발생된 미수금 대손 처리금액과 팔리지 않아 재고자산을 폐기처분했던 사실 등에 대해서는 증빙이 없다는 이유로 비용 처리가 부인되었다.

세법적으로 외상판매도 세금계산서를 발행하여 세금은 내야 하는데 돈도 못 받고 세금만 내는 것이 현실이었다. 조사관들은 나중에 대손되면 세금에서 공제받는다고 하지만 이것은 공무원의 입에서나 나올 수 있는 말이었다. 세법상 대손이라는 것은 우리가 보통 생각하는 대손이 아니라 거래처가 부도 등으로 법적인 증거가 있는 경우에만 가능했기 때문에 이런 법적 이유가 아니면 사실 세금공제 가능성은 굉장히 낮았다.

통장입금액이 매출액을 대변하고 있었기 때문에 신고 누락한 매출에 대해서는 부가가치세와 법인세가 추징되었다. 특히 매출누락으로 간주된 개인통장 입금액은 대표이사의 상여로 인정되어 엄청난 소득세를 부과하였다. 대표이사가 법인회사에서 가져간 돈으로 간주되어 개인소득세의 특성상 최고세율의 세금을 내야만 했다. 세무조사는 회사가 살아온 행적에 대한 검증이었고, 국세청은 회사 정보들을 너무나 잘 알고 있었다.

홍태자는 계속 연락이 되지 않았기 때문에 홍 대리는 거의 한 달 동안 혼자서 부자유통과 태자유람선 양쪽의 세무조사에 응해야 했다. 틈틈이 병원으로 달려가 입원한 홍부자를 간호하고 또 세무조사를 받으면서 홍 대리는 진이 다 빠져버렸다. 검찰고발까지 가지는 않았지만 세무조사로 인한 추징세액과 벌과금, 그리고 세무조사 기간 동안 사업에 신경을 쓸 수 없어서 입은 손해까지, 타격이 상당했다.

그나마 다행인 건 차명계좌 등을 사용해서 부정한 방법으로 탈세하는 경우로 보아 10년분을 세무조사 하려고 했지만 차명계좌가 아니라는 납세자의 주장을 받아들여 최근 5년분만 과세하기로 한 것이다. 그 결과 부자유통의 세금은 어느 정도 부담 가능한 수준에서 정리가 되었지만, 유람선 사업의 세금은 그렇지가 않았다. 세무서에서도 가능하면 회사가 유지될 수 있는 방향으로 신경을 쓰고는 있었지만, 워낙 매출누락으로 조성한 비자금이 많고 거의 대부분 드러나는 것이라서 그냥 무시하기는 힘들다는 의견을 내비쳤다.

"국세청 전산망은 탁월합니다. 인공지능과 빅데이터의 발전으로 국세청에서는 차명계좌와 입출금자의 개인정보가 모두 수집되고 있기 때문에 모든 금융거래정보를 국세청이 알고 있다고 생각하고 투명하게 사업하셔야 합니다. 통장에 들어온 돈의 출처는 대부분이 매출이니까요. 그나마 국세부과제척기간 5년이 지난 자료는 조사대상에서 배제했고, 회사 자금 사정을 고려해 조사 범위를 축소해서 마무리할 테니 조세불복은 하지 않는 것으로 하시죠."

"통장에 들어온 돈이 전부 매출은 아니지 않습니까?"

"물론 그렇죠. 차입금도 있고 계좌대체도 있을 수 있습니다. 그런데 차입금이나 계좌대체는 증명을 하면 됩니다. 증명을 못 하는 것은 매출이라고 볼 수밖에 없습니다."

조사관의 말처럼 국세청의 세무조사 대상에 걸린 것인지 모르겠지만 세무서의 지인을 통해 탈세 제보가 있었다는 이야기도 들렸다.

"누구 짓일까요?"

홍부자의 독백에 홍 회계사가 독백으로 답했다.

"성공하는 사람은 적이 많은 법이죠. 의도했든 의도하지 않았든 피해를 본 사람이 있기 마련이니까요."

사람들은 자신의 수입을 누락하면 아무도 모를 것이라고 생각하지만 사업은 혼자 하는 것이 아니다. 내 수입은 누군가의 비용이다. 내가 매출을 누락하여 세금이 줄면 상대방은 비용이 줄어 세금이 늘어나게 된다. 매출누락이나 가공경비로 세금을 줄이면 거래 상대방의 세금에 영향을 미치고 내가 줄인 세금은 언젠가 꼭 가산세라는 이자가 붙어 다시 나에게로 돌아오게 되어 있었다.

홍 대리는 씁쓸한 기분을 떨칠 수가 없었다. 여러 정황상 제주물류의 영업이사가 된 문대호 부장이 제보했을 가능성이 컸기 때문이다. 사장들이 회계를 외부 전문가에게 맡기기를 꺼려 하는 이유는 보안 때문이다. 하지만 정작 문제는 내부 직원에게서 터지는 경우가 훨씬 많다. 외부 전문가는 사업을 위해 보안을 목숨처럼 지키지만, 직원은 회사를 옮기면 보통 경쟁회사로 가기 때문이다.

문대호 부장이 이직한 후부터 제주물류는 부자유통을 타깃으로 삼는 각종 이벤트를 벌이며 압박해 왔다. 그리고 유람선 사업을 인수하겠다고 나섰던 회사는 제주물류 사장의 아들이 대표로 있는 회사였다. 결국 문제는 회사 내의 핵심 직원이었던 문대호 부장에게서 터져 나온 것이다.

"세무조사가 어떻게 나왔는지는 모르겠지만 이젠 모든 사람이 두렵구나."

홍부자는 병상에 누워 한숨을 내쉬었다.


세무조사를 받는 내내 홍 대리는 어쩔 수 없이 조사관과 부딪치면서 직접 피부에 와닿는 세금 공부를 하게 됐다. 이제껏 아리송했던 문제들도 직접 겪어보니 하나둘 명확해지는 느낌이었다. 그런데도 이해가 잘 안되는 부분이 바로 차입금에 대한 비용누락이었다. 예전에 홍 회계사로부터 설명을 들었을 땐 분명 알아들었던 것 같은데, 세무조사에서 실질적으로 맞닥뜨리게 되니 이해하기 어려웠다. 무엇보다 비용이 적게 기록되면 그만큼 소득이 늘어 세금을 더 내게 될 테니 세무당국 입장에서는 더 좋은 일일 것 같은데 그게 문제가 된다니. 알다가도 모를 일이었다.

조사관이 이 부분에 대해 설명해 주었다.

"어차피 돈을 빌린 회사나 돈을 빌려준 회사 모두 홍부자 사장님의 회사이기 때문에 이자를 주고 안 주고는 큰 문제가 안 됩니다. 하지만 이건 엄연히 세무상 리스크가 있는 거래죠. 정상적인 거래라면 돈을 빌린 사람은 돈을 빌려준 사람에게 이자를 줘야 하고, 돈을 빌려준 사람은 이자수입이 생겼으니 이에 대한 세금을 내야 합니다."

조사관은 가지급금이나 가수금, 잡이익처럼 이름이 불분명한 항목들을 추가로 지적했다. 이런 항목들은 내용이 불분명해 업무 관련성을 의심받고 있었다. 애매한 것들에 정확한 이름을 붙여 계정을 분류하지 않고 그냥 습관적으로 처리했던 것이 문제였다. 전혀 생각지 못한 부분에서 문제가 터졌다. 홍 대리는 증빙을 중요하게 여겨 증빙이 있는 영수증만 세무사 사무소에 가져다주고 증빙된 영수증 위주로 신고해 왔는데 실제 겪어보니 증빙 없이 발생하는 자금흐름이 더 중요했다.

특히나 회사 오너가 소유하고 있는 여러 회사 사이에서 영수증 같은 증빙 없이 이루어지는 자금 거래는 매출누락으로 이어져 세금을 추징당하게 되는 것이다. 결국 영수증보다 훨씬 더 중요한 건 실질적인 자금흐름이었다. 세금은 서류보다 실질내용을 중요시하는데 이를 증명하는 것이 자금인 것이다.

처음부터
내 돈이 아니다

"머니 바이블 블로그에서
더 많은 회계 꿀팁을 전수해 드립니다."

세무조사가 끝났으니 세무서는 곧 세금을 요구할 것이다. 병원에서 퇴원한 홍부자는 집에서 요양하며 지난 삶을 돌이켜 봤다. 감귤 유통으로 마련한 종잣돈으로 재산을 일구어 어느덧 제주에서는 지역 유지로 대접받으며 살아왔다 싶었는데, 갑작스레 유람선 사업을 하면서 30여 년간 모은 재산을 전부 날려버렸다. 제대로 된 회사를 만드는 데는 수십 년이 걸리지만, 회사가 무너지는 데는 단 며칠이면 족했다. 과거의 영광이란 결국 영광에 지나지 않았다. 얼마 전까지만 해도 많은 이들에게 인정받고, 스스로도 회사를 자랑스럽게 여겼건만, 모든 것은 일장춘몽처럼 부질없이 사라졌다.

처음 아들이 유람선 사업을 한다고 했을 때 왜 반대하지 않았는지 후회가 됐다. 본격적으로 사업이 진행되면서 유통업에서 번 돈은 밑 빠진 독에 물 붓기 식으로 유람선 사업에 들어갔지만 끝끝내 적자를 면하지 못하고 주저앉게 된 것이다. 세무조사의 여파 또한 컸다. 대기업 ESG 기준에 맞춰 납품해야 하는 입장에서 이번 세무조사로 인해 ESG 평가기준에서도 페널티를 받아 대기업 납품이 어려워졌다. 유람선 사업에 신경을 쓰느라 거의 돌보지 못했던 유통업도 그나마 딸이 열심히 일해준 덕에 어느 정도 유지는 하고 있지만, 세무조사의 영향을 받지 않을 수 없었다. 부자유통이 태자유람선의 주식을 갖고 있지 않아 더 이상 유람선의 책임이 확대되지 않는다는 것이 유일한 위안거리였다.

만약 태자유람선에 대부분의 자금을 지원했던 부자유통이 자금지원에 대한 대가로 주식까지 갖고 있었다면 회사 주식의 50퍼센트를 초과해서 소유하게 되어 과점주주로서 납세의무까지 져야 했을 것이다. 연대보증제도는 폐지되었지만, 세금에는 여전히 연대납세의무가 남아 있었다. 과점주주는 회사의 세금에 대해 2차 납세의무가 있어 회사와 더불어 세금에 대한 책임을 물어야 한다는 게 세법의 논리였다. 과점주주라는 이유로 태자유람선의 부채와 세금 체납액까지 부담하게 됐다면 부자유통은 태자유람선과 함께 주저앉고 말았을 게 분명했다. 아들인 홍태자에게 태자유람선을 물려주겠다는 생각으로 애초 태자유람선의 주식을 보유하지 않은 채 부자유통과 태자유람선을 완전히 분리해 둔 것이 그나마 홍부자와 부자유통을 살아남게 해주었던 것이다.

그러나 회사가 아닌 개인으로서 홍부자와 홍태자는 가족이면서 과점주주였기 때문에 홍부자는 개인적으로 태자유람선의 세금에 대해 자유로울 수는 없었고, 같은 이유로 홍부자가 주주로 있는 부자유통도 일정 부분 책임을 져야 했다.

세금추징 후 유람선 사업의 채권단과 주주들은 부도라는 잠정 결론을 내렸다. 그 와중에 홍태자는 한 달이 넘게 감감무소식이었다.


그러나 고통과 절망 속에서도 희망은 싹트고 있었다. 고난이 사람을 강하게 만든 것일까? 예전에 홍 회계사로부터 아이디어를 얻어 유기농 사업을 시작한 홍 대리는 자신만의 브랜드를 키워가는 중이었다. 제주의 청정 이미지를 브랜드화하겠다는 생각을 구체화해 개발한 유기농 감귤 잼이나 주스 등의 웰빙 식품이 부자촌에 빠르게 확산되고 있었다.

"제주의 말 뼈나 수산물을 이용한 가공식품은 어떨까요?"

예진이에게 동화책을 읽어주던 시우는 동화책에 그려진 말과 물고기 그림을 보다가 아이디어를 떠올리고는 옆에 있는 홍부자에게 물었다.

"좋아요!"

예진이는 무슨 얘긴지도 모른 채 손뼉을 치며 엄마의 말에 좋다고 대꾸했다.

"스튜디오 차리겠다는 꿈은 완전히 접은 거냐?"

홍 부자가 빙그레 웃으며 시우를 쳐다보았다.

"접긴요. 스튜디오는 내가 직접 벌어서 차릴 거예요. 그리고 사진은 내가 너무너무 좋아하는 거니까 나중에 스튜디오를 차리게 되더라도 그땐 그냥 취미로 하려고요. 돈에 발목 잡힐 일 없이 말이에요."

"내가 늘 말하는 일과 취미의 차이를 이제야 알겠어?"

시우는 씨익 웃으며 홍부자를 향해 고개를 끄덕였다.

"네. 오빠 뒤치다꺼리 하면서 많이 배웠죠. 돈은 지금

하는 유통업으로 열심히 벌 거예요. 그리고 막상 해보니까 유통업이 내 체질에 맞는 것 같아요. 잘할 수 있겠다는 자신감도 있고요…….”

“태자가 내 사업을 물려받을 줄 알았다. 네게 맡기고 싶지는 않았지. 그런데 내 생각이 짧았던 것 같구나.”

“아버지, 전 이번 세무조사를 통해 절세보다 더 중요한 게 무엇인지 알게 됐어요.”

“절세보다 중요한 거라……. 그게 뭐니?”

혹독한 경험이긴 했지만 세금조사를 통해 얻은 것도 배운 것도 많다는 홍 대리를 대견스레 바라보며 홍부자가 물었다.

“비자금 조성을 위해 매출누락을 했던 것도 문제였지만, 저희가 저질렀던 더 큰 실수는 상식적으로 판매 장려금이라고 여겼던 금액들이 접대비로 분류된다거나, 무상으로 빌려준 자금이 매출누락에 걸린다는 사실을 몰랐다는 거예요. 바로 그런 게 탈세행위가 되는데도 말이죠.”

홍 대리는 이런 일들을 상식적으로 괜찮다고 여겨왔던 게 더 큰 문제라고 생각했다. 세금과 관련 없다는 이유로 원가절감을 위해서, 인플레이션에 대비하기 위해서 재고자산을 대량으로 구매했던 일이 결국 세무조사의 빌미를 주었던 것도 같은 맥락이었다.

"가장 중요한 건 세무 리스크를 관리하는 거예요. 그런데 세무 리스크는 회계부 혼자서 관리한다고 되는 일이 아니에요. 영업부에서 계약을 하거나 구매부에서 상품을 구입하는 일 자체가 세금의 출발인데, 출발점에서부터 잘못되면 아무리 세금신고를 올바르게 하더라도 문제가 될 수밖에 없어요. 더욱이 세금 영역은 관공서와 금융권에 노출돼 있는 만큼 여기서 문제가 생기면 기업은 큰 영향을 받잖아요. 세금은 내자니 돈이 아깝고 안 내자니 불안하죠. 그래서 적절한 시기에 적절한 세금을 내는 마음가짐이 중요할 것 같아요."

1년 전까지만 해도 세금이라고 하면 국가에 기부하는 아까운 돈으로만 여겼던 홍 대리가 이젠 기본적인 세금 개념의 중요성을 역설하고 있었다.

"단순히 세금을 줄이는 것보다 리스크를 관리하는 게 더 중요하구나. 어떻게 보면 납세가 절세라는 생각이 든다."

내야 되는 것은 꼭 내야만, 내지 않아도 될 가산세를 줄이게 되니 결국 성실납세가 진정한 절세였던 것이다. 홍부자는 자신이 투명 경영을 해왔다고 생각했지만 세금 쪽에서만은 그러지 못했다는 것을 깨닫고 후회하고 있었다. 세금을 줄이겠다는 생각으로 절세라 여기며 해왔던 자신의 행동들 대부분이 탈세행위였다는 사실이 부끄러웠다. 특히나 아들 태자가 그런 탈세행위를 경영이라는 명분으로 서슴없이 하고 있을 때 왜 막지 못했을까?

아쉬움이 홍부자의 가슴을 후벼 팠다.

"나는 가족을 위해서 일해왔지만 내 그릇의 크기는 이 정도인 것 같구나. 시우 너라면 더 큰 사업가가 될 거야."

홍부자 생각대로 세금에서 절세와 리스크는 양날의 검과 같았다. 절세를 하려고 할수록 리스크는 커지고 리스크를 줄이려면 세금을 제대로 내야 했다. 국세청은 법의 허점을 이용해 공격적으로 세금을 줄이는 것은 탈세로 규정하고 있어 리스크 없이 세금만 줄일 수는 없었다. 절세와 탈세의 가장 중요한 구분 포인트는 고의가 있느냐 없느냐다. 그 기준이 눈에 보이는 절감액보다 보이지 않는 동기에 있다는 것이어서 구분하기가 더욱 모호할 수밖에 없었다.

하지만 다행히 시우는 최고의 절세가 무엇인지 스스로 해답을 찾아냈다. 딸 시우의 말에 따르면 세금을 투명하게 신고하는 것이야말로 회사의 가치를 높여 결국엔 세금 부담을 줄인다는 것이다.

홍영호 회계사가 홍 대리에게 알려주고자 했던 것이 바로 이것이었다. 세금은 누구에게나 공평해야 한다. 그러나 사람들은 절세라는 이름으로 그런 공평함을 깨려 하고, 그 순간 피해는 다시 부메랑처럼 돌아온다. 홍 대리는 투명 경영이 세금에도 그대로 적용되고 있다는 점을 깨달았다.

또 앞으로는 모의세무조사를 통해 기업에서 발생 가능한 세무 리스크를 사전에 예방하기로 했다. 국세청 세무조사 방식과 동일하게 조사를 하는 모의세무조사는 기업이 아닌 국세청의 시각으로 회사의 세무 리스크를 바라보는 것이어서, 문제점을 제대로 파악하고 개선방안을 수립하기에 용이했다.


새롭게 부자유통의 세무컨설팅을 담당하게 된 홍영호 회계사가 찾아와 당부했다.

"세금을 아까워해서는 안 됩니다. 어차피 세금은 처음부터 내 돈이 아니었다, 내가 돈을 벌 수 있도록 여러 가지 토양을 제공한 국가에 대한 답례다, 이렇게 생각해야 하죠. 그러지 않고 내 돈처럼 다 쓰고 난 후에 세금을 내려니까 아까운 마음이 들고, 그러다 보면 결국 탈세를 하게 되는 거고요."

홍부자는 고개를 끄덕였다.

"아주 정확한 말이군요. 사람이란 동물은 간사하기 짝이 없어서 그저 나 혼자 잘나서 돈을 벌었다고 생각하죠. 그러면 안 되는데 말입니다."

세금은 비용이다. 그러니 비용절감을 목표로 하는 경영자들은 탈세 유혹을 느낄 때가 많다.

그때, 무슨 아이디어라도 떠올랐는지 홍 대리가 갑자기 반짝 눈을 빛냈다.

"직원들은 왜 세금에 관심이 없는지 아세요?"

"글쎄다. 소득이 적어서 그런 것 아니겠니?"

"그런 이유도 있겠지만, 더 중요한 건 세금을 원천징수해버리기 때문이에요. 통장에 들어오는 월급은 이미 세금이 징수된 후의 금액이니까 처음부터 세금으로 나간 돈은 자기 돈이 아니라고 보는 거죠. 그런데 사업하는 사람들은 모든 수입이 통장에 들어오고 나중에 세금을 내잖아요. 그러니까 세금으로 나가야 할 돈도 자연스레 자기 돈이라고 생각하고, 어떻게든 덜 내려고 매출누락 등의 편법을 동원하죠. 그래서 사업하는 사람도 세금을 자동이체해 둬야 탈세 심리를 없앨 수 있어요."

홍부자는 홍 대리의 생각을 읽을 수 있었다.

"세금통장을 만들어서 매월 세금을 이체해 놓자는 거구나?"

"네. 통장의 만기를 세금 납부 시기에 맞춰놓으면 더 부담이 없을 거고요."

딸을 보며 홍부자는 혼잣말하듯 낮게 중얼거렸다.

"그러고 보면 세금은 절대적인 금액 자체가 부담이 되는 게 아니었어. 전혀 준비하지 않고 있다가 갑자기 내려니까 그 돈이 더 크게 보였던 것뿐이지. 돈도 제때 받지 않으면 나중에 받기가 더 힘들듯이 세금도 제때 준비해 두지 않으면 나중에는 금액이 커져서 부담이 가중되고 세금을 줄이려는 유혹에 넘어가는 것이었구나. 부가세 통장과 소득세 통장을 만들면 세금을 내고 난 후 내 소득이 얼마인지도 명확해지겠구나."

장사의 결과를 세금을 낸 후의 통장 잔고로 평가하는 습관이 필요하다는 생각이 들었다. 매월 세금통장에 적금을 들어놓고 세금을 납부한 후의 금액을 기준으로 지출한다면 이런 유혹에 빠지지 않을 것 같았다.

차라리 부가가치세 징수 방식이 바뀐다면 좋겠다는 생각도 들었다. 대금을 결제하는 순간 부가가치세는 국가로 납부되고 부가세를 제외한 매출액만 회사에 들어오게 하는 방식이 도입되면 납세자가 매출을 누락하려는 유혹에 덜 흔들리지 않을까 하는 생각이었다.

"세금통장하니까 생각난 건데 기부통장도 만들면 좋겠구나. 수익의 1퍼센트를 기부하고 이것을 아예 회사 정관에 못 박아 두면 자동으로 기부가 되겠지?"

홍 회계사가 리스크관리에 대해 설명을 덧붙였다.

"그래서 일부 유흥업종은 카드회사에서 부가세를 대리납부하고 매출대금을 입금하고 있습니다. 그리고 CEO플랜이나 상속세 준비를 위한 종신보험 같은 것도 한번 고려해 보세요. 세금통장은 예정된 세금을 내는 데는 대비책이 될 수 있지만, 갑작스러운 세무조사에는 대비가 안 됩니다. 세금을 제때 안 내면 세무서는 계좌에 손을 뻗쳐 돈을 빼갑니다. 모든 것에 우선해서 국세를 먼저 징수하려고 하죠. 세금을 독촉하고 통장이나 재산을 압류하고 매각해서 세금을 걷어 가는데 이런 경우를 대비한 리스크관리입니다."

홍 회계사 말처럼 상속은 갑작스럽게 다가오는데 상속세에 준하는 현금을 보유하고 있는 사람은 많지 않다. 이때 보유하고 있는 주식이나 부동산을 매각해서 상속세를 마련해야 할 경우가 생기는데 제값을 받지 못하고 손실을 감수하면서 급하게 팔아야 하는 상황이 발생하기도 한다. 이런 상황에서 약정된 보험금을 지급하는 종신보험은 빛을 발할 수 있다. 국세청에서 매년 발간하는 세금 절약 가이드에서도 종신보험을 통한 상속세 준비를 권장하고 있었다.

홍부자는 껄껄 웃었다. 홍 회계사가 새로운 세무담당이 된 지는 얼마 되지 않았지만, 그에 대한 홍부자의 신임은 단단했다.

"보험은 비관론자들이 보험회사에 속아서 드는 것이라고 생각했었는데 홍 회계사님 말이니 생각이 조금 바뀌는 것 같습니다."

세금이나 재산 관리 문제는 세금통장이나 보험을 통해 어느 정도 가닥이 잡혀가는 듯했으나 여전히 가슴 한구석이 답답했다. 아들인 태자가 문득문득 생각났기 때문이다. 회사도 어느 정도 안정을 찾아가고 있는데 아들은 어디서 무엇을 하고 있는지 소식조차 알 수가 없었다. 홍부자의 입가에 드리워졌던 웃음이 사라졌다.

갑작스레 어두워진 홍부자의 표정을 보며 홍 대리는 아버지가 오빠를 떠올리고 있다는 걸 알아챘다.

"아버지, 아마 오빠도 아버지한테 죄송해서 연락을 못하고 있는 걸 거예요. 조금만 더 기다리면 분명 우리 앞에 좋은 모습으로 나타날 거니까 너무 걱정 마세요."

얼마 후 발신인이 찍히지 않은 엽서가 한 장 도착했다.

'도망가서 죄송해요. 하지만 걱정 마세요. 제가 다 돌려놓을게요.'

한편으로 늘 천방지축이라 여겼던 딸이 이젠 든든한 버팀목이 되어주고 있었다. 아버지와 오빠가 겪은 시행착오를 옆에서 지켜봤으니 같은 실수를 반복하지는 않을 것이다. 태자 역시 곧 달라진 모습으로 당당하게 나타나리라고 믿었다. 태자 또한 홍부자 못지않게 힘들 것이다. 그러나 사람은 성공보다 실패에서 더 많은 것을 배우는 법이다. 홍부자는 경험이라는 무형의 값진 자산을 자식들에게 증여했다는 사실에 감사하며 딸의 손을 힘껏 잡았다.

아버지의 갑작스러운 사망으로 회사를 물려받았다가 전 재산을 잃고 고생했던 홍부자는 자기 자식들만큼은 결코 그런 일을 겪게 하지 않겠다고 결심했었다. 그래서 아무 걱정 없이 편하게 살 수 있도록 자식들에게 많은 재산을 물려주려 했다. 그런데 이제 홍부자는 돌아가신 아버지에게 마음속으로 이렇게 외치고 있었다.

"아버지, 이제 제게는 자식들에게 물려줄 재산이 없습니다. 빈털털이가 되었으니 더는 잃을 것도 없습니다. 그런데 제 마음은 마치 부자가 된 것처럼 뿌듯합니다."

홍부자는 하늘을 올려다보았다. 엷은 구름 사이로 환하게 웃는 아버지의 얼굴이 어렴풋이 보이는 듯했다.

"돈보다 나은 것을 아이들에게 물려준 것 같습니다. 그 능력으로 돈은 자기가 벌어야 하는 것 같습니다. 태자도, 시우도 그동안 제가 비싼 수업료를 치르고 배운 만큼 이젠 자신들의 회사를 스스로 키워나갈 수 있겠죠. 필요한 만큼만 가져야 하는데 필요 이상의 돈을 갖는 것에서 문제가 시작됐습니다. 그런데 이제 남은 재산을 사회에 환원하고 나니까 홀가분해졌습니다."

아버지는 고개를 끄덕이며 잘했다고 홍부자를 칭찬하는 것 같더니 서서히 구름 사이로 모습을 감췄다. 구름과 아버지 얼굴이 어우러져 사라질 때까지 홍부자는 한참 동안이나 하늘을 올려다보며 웃고 있었다. 결국 아버지는 평생을 속 썩이거나 뜻을 거스르는 자식까지도 모두 받아들여야 하는 존재였다. 이것이 가족 간의 깊은 사랑이다. 그리고 우리가 짊어진 세금의 굴레도 이와 마찬가지라는 생각을 하며, 홍부자는 딸의 손을 잡고 집으로 돌아갔다.

세금은 꼭 납부하세요.

그렇지 않으면

많은 문제에 봉착할 수 있습니다.

- 리처드 닉슨

# 회계 천재가 된 홍 대리 3

**초판    1쇄 발행** 2007년   1월 12일
**개정4판 1쇄 인쇄** 2023년  10월 11일
**개정4판 1쇄 발행** 2023년  10월 25일

**지은이** 손봉석
**펴낸이** 김선식

**경영총괄이사** 김은영
**콘텐츠사업본부장** 임보윤
**콘텐츠사업1팀장** 한다혜  **콘텐츠사업1팀** 윤유정, 성기병, 문주연
**편집관리팀** 조세현, 백설희  **저작권팀** 한승빈, 이슬, 윤제희
**마케팅본부장** 권장규  **마케팅2팀** 이고은, 양지환  **책임마케터** 양지환
**미디어홍보본부장** 정명찬  **영상디자인파트** 송현석, 박장미, 김은지, 이소영
**브랜드관리팀** 안지혜, 오수미, 문윤정, 이예주  **지식교양팀** 이수인, 염아라, 김혜원, 석찬미, 백지은
**크리에이티브팀** 임유나, 박지수, 변승주, 김화정, 장세진  **뉴미디어팀** 김민정, 이지은, 홍수경, 서가을
**재무관리팀** 하미선, 윤이경, 김재경, 이보람
**인사총무팀** 강미숙, 김혜진, 지석배, 박예찬, 황종원
**제작관리팀** 이소현, 최완규, 이지우, 김소영, 김진경
**물류관리팀** 김형기, 김선진, 한유현, 전태환, 전태연, 양문현, 최창우
**외부스태프** 표지 및 본문 디자인 김혜림  **일러스트** 감자가

**펴낸곳** 다산북스  **출판등록** 2005년 12월 23일 제313-2005-00277호
**주소** 경기도 파주시 회동길 490
**대표전화** 02-704-1724  **팩스** 02-703-2219  **이메일** dasanbooks@dasanbooks.com
**홈페이지** www.dasan.group  **블로그** blog.naver.com/dasan_books
**용지** 스마일몬스터  **인쇄** 상지사피앤비  **코팅 및 후가공** 평창피앤지  **제본** 상지사피앤비

**ISBN**  979-11-306-4645-9 (04320)
        979-11-306-4639-8 (세트)

다산북스(DASANBOOKS)는 독자 여러분의 책에 관한 아이디어와 원고 투고를 기쁜 마음으로 기다리고 있습니다.
책 출간을 원하는 아이디어가 있으신 분은 다산북스 홈페이지 '투고원고'란으로 간단한 개요와 취지, 연락처 등을
보내주세요. 머뭇거리지 말고 문을 두드리세요.